Rainer M. Schröder

DSCHINGIS KHAN

König der Steppe

C. Bertelsmann

Umwelthinweis:
Alle bedruckten Materialien dieses Taschenbuches
sind chlorfrei und umweltschonend.

2. Auflage · 5/93

Umschlaggestaltung: Alexander Schütz
Satz: IBV Satz- und Datentechnik GmbH, Berlin
Druck: Presse-Druck Augsburg
Herstellung: Peter Papenbrok/sc
ISBN 3-570-20050-7 · Printed in Germany

1

Zehntausend mongolische Krieger griffen an. Vierzigtausend Pferdehufe trommelten über die Steppe, wirbelten den trockenen Sand zwischen den niedrigen Sträuchern auf und zogen einen gewaltigen Staubschleier hinter sich her. Krummschwerter und Lanzenspitzen funkelten im Licht der brennenden Sonne. Die Bogenschützen hielten ihre todbringenden Pfeile bereit. Die Erde dröhnte vom donnernden Schlag galoppierender Pferde. Wie ein schreckliches Gewittergrollen eilte es den heranjagenden Mongolen voraus.

»Tod den Tataren!«

Jesügei, der Häuptling der Qiyat aus dem Stamm der Bordjigin, ritt an der Spitze seiner Krieger. Er saß weit vornübergebeugt im Sattel, das Haar vom Wind zerzaust, das Schwert in der Hand. Der stämmige Reiter zu seiner Rechten trug das Feldzeichen des Qiyat-Klans, eine Stange mit mehreren weißen Yakschwänzen an der Spitze, in den Kampf. Ein fröhliches Lachen lag auf seinem Gesicht. Kämpfen – das war der Lebensinhalt eines Mongolen.

Der Angriff von Jesügeis Truppen erfolgte mit der Wucht eines unaufhaltsamen Wintersturmes aus der Wüste Gobi. Ein dichter Pfeilhagel ging auf die Tataren nieder, lichtete ihre Reihen. Und dann flogen die Lanzen.

Die beiden verfeindeten Steppenvölker prallten zusammen. Die Luft war erfüllt vom hellen Geklirr der Waffen. In den Kampfeslärm mischten sich die Schreie der Verletzten und das Wiehern und Schnauben der Pferde.

Der Nahkampf wogte auf der Steppe stundenlang hin und her. Obwohl zahlenmäßig leicht in der Minderzahl, leisteten die kampferprobten Tataren unter ihrem Anführer Temudschin erbitterten Widerstand. Mit tollkühnen Ausfällen versuchten sie, die tödliche Umklammerung durch die mongolischen Reiterhorden zu durchbrechen. Immer wieder drangen starke Reitertrupps bis tief in die Reihen der Mongolen vor und hinterließen mit ihren Schwertern und Lanzen eine Schneise des Todes.

Jesügei und seinen Kriegern gelang es jedoch jedesmal, solche Durchbruchversuche zu vereiteln. Sie schlugen die ihnen verhaßten Tataren blutig zurück und schlossen den Ring um sie immer enger.

Das Gemetzel nahm seinen Lauf. In diesem Gefecht Mann gegen Mann wurde von keiner Seite Gnade erwartet – und auch nicht gewährt. Blut schoß aus klaffenden Wunden, rann über das schweißnasse Fell der Pferde und versickerte augenblicklich im aufgewühlten Sand des ausgedörrten Steppenbodens. Pfeile und Lanzen bohrten sich tief in den gegnerischen Körper, schleuderten die Krieger aus dem Sattel, unter die Hufe aufsteigender Pferde.

Langsam, aber stetig neigte sich die Waagschale des Kriegsglücks den Mongolen zu. Die Tataren wichen allmählich zurück, kämpften auf verlorenem Posten.

»Ich will Temudschin!« schrie Jesügei, als seine Reiter die Tatarengruppe in kleine Grüppchen aufgesplittert hatten und der Sieg ihnen gewiß war. »Aber ich will ihn lebend!«

Während einige seiner Männer ihr Heil schon in der Flucht suchten, verteidigte sich Temudschin, ohne vom Fleck zu weichen. Mit wuchtigen Hieben seines Krummschwertes bahnte sich Jesügei einen Weg hinüber zum Anführer der Tataren, der mit der ausdauernden Kraft und dem Mut eines Raubtieres kämpfte, obgleich man ihn in die Enge getrieben hatte. Nur wenige Getreue standen ihm noch zur Seite.

Jesügei wollte sich unbedingt mit diesem tapferen Krieger messen. Temudschin war ein ebenbürtiger Gegner, der das Krummschwert ausgezeichnet zu führen verstand. Mit ihm zu kämpfen bedeutete eine Herausforderung an all seine Kraft, Geschicklichkeit und Erfahrung.

Besiegte er ihn jedoch in einem Kampf Mann gegen Mann, würde das seinen Ruhm mehren und seine Stellung als Bagatur, als gewähltes Oberhaupt zahlreicher Stämme und Herrscher über mehr als vierzigtausend Zelte, festigen. Ein Bagatur mußte stets aufs neue beweisen, daß er in der Lage war, erfolgreiche Kriege und beutebringende Raubzüge zu führen.

Eine Lanze verhinderte jedoch den direkten Kampf zwischen beiden Stammeshäuptlingen. Sie traf Temudschin mit großer Wucht seitlich am Kopf, fetzte die Haut auf und raubte ihm das Bewußtsein. Das Schwert entglitt seiner plötzlich kraftlosen Hand, und er kippte nach hinten aus dem Sattel. Schwer schlug er auf dem Boden auf.

»Holt ihn und fesselt ihn!« befahl Jesügei und ärgerte sich über die verpatzte Gelegenheit. Doch der dumpfe Grimm verrauchte schnell. Hatte er seine Männer nicht zum Sieg geführt?

Die Tataren wandten sich nun offen zur Flucht. Der Kampf war verloren. Sofort setzten die Mongolen ihnen nach. Sie streckten jeden nieder, der sich nicht schnell genug außer Reichweite von Schwert, Lanze und Pfeil begab. Denn der Flüchtende von heute war der Feind von morgen!

Jesügei verfolgte die Tataren mit seinen siegestrunkenen Kriegern bis zu ihrem Zeltlager, das er zur Plünderung freigab. Nach dem Gesetz der Steppe war es das Recht des Siegers, sich zu nehmen, was ihm gefiel. Die Männer durchsuchten die Zelte, rafften alles, was ihnen nur irgendwie mitnehmenswert erschien, an sich und suchten sich unter den Mädchen und Frauen die schönsten aus, die sie als Gefangene mitnahmen.

Als Jesügei schließlich das Zeichen zum Aufbruch gab, existierte das Lager nicht mehr. Blut und Asche bedeckten den Boden.

2

Mit schmerzverzerrtem Gesicht blickte Ölün-eke, Jesügeis Lieblingsfrau, zum Lattengerüst der Jurte hoch. Ihr Blick schien sich an den kräftigen biegsamen Pappelstämmen festkrallen zu wollen. Ein langgezogenes Stöhnen quälte sich aus ihrer Kehle, während sich ihr junger Körper aufbäumte. Die Wehen kamen jetzt in immer kürzeren Abständen.

»Es wird gleich vorbei sein«, versuchte eine Dienerin Ölün-eke zu trösten und wischte ihr die schweißnasse Stirn ab.

Ölün-eke hörte das unverständliche Gemurmel des Schamanen neben sich, der die Geister von Himmel und Erde anrief und den Himmelsgott Tängri anflehte, Ölün-eke eine schnelle Niederkunft und dem Bagatur Jesügei einen kräftigen Sohn zu schenken.

Ölün-eke starrte auf die mit weißem Knochenpulver bestäubten Zeltwände und wünschte, der Schamane würde mit seinen Beschwörungsformeln aufhören. Sein monotoner Singsang wirkte alles andere als beruhigend auf sie. Doch sie wagte nicht, ihm das zu sagen. Denn obwohl sie wenig Zutrauen zu seinen Prophezeiungen und Geisterbeschwörungen hatte, fürchtete sie ihn doch auch.

Plötzlich dachte sie an jenen Frühling zurück, als Jesügei sie zu seiner Lieblingsfrau gemacht hatte. Weder hatte er um sie geworben, noch hatte er sie gefragt. Er hatte sie einfach genommen. Mit Gewalt.

Ölün-eke war einem jungen Krieger vom Stamm der Merkiten versprochen gewesen. Tschiledü, so lautete sein Name, kam in jenem Frühling zum Stamm der Qongirat, um seine Frau abzuholen und ins Ordu, ins Zeltlager der Merkiten, zu bringen. Auf ihrem Weg dorthin kamen sie auch in das blühende Onontal, die Heimat der Bordjigin.

Jesügei, der mit einem abgerichteten Falken zur Jagd ausgeritten war, bemerkte sehr bald den einzelnen Reiter und den kleinen Karren, der von einem zweihöckrigen Kamel gezogen wurde. Das wunderschöne Mädchen auf dem Karren gefiel ihm auf Anhieb. Und er brauchte nicht lange zu überlegen, um zu wissen, was er zu tun hatte.

Er preschte zum Lager und kehrte im Handumdrehen mit zweien seiner Brüder zurück. Als Tschiledü bemerkte, daß sie verfolgt wurden, erschrak er und erwies sich als wenig tapfer.

Ölün-eke beschwor ihn, sein Leben zu retten. »Die Männer sehen verdächtig aus. Vermutlich trachten sie dir nach dem Leben!«

Zögernd und fieberhaft überlegend, was er nur zu ihrem und seinem Schutz unternehmen sollte, blickte er zurück. Die drei fremden Reiter kamen schnell näher. Und ihr wilder Galopp ließ nichts Gutes vermuten.

»Was soll ich nur tun?«

»Rette dein Leben, Tschiledü!« drängte Ölün-eke ihn, nahm das seidene Tuch von ihren Schultern und warf es ihm mit den Worten zu: »Atme diesen meinen Duft und flieh!«

Tschiledü fing das Tuch auf, warf ihr einen letzten verzweifelten Blick zu und trieb sein Pferd an. Jesügei und seine beiden Brüder jagten hinter ihm her, den Onon-Fluß aufwärts. Sie verfolgten ihn noch über sieben Hügelrücken, dann rissen sie ihre Pferde herum und ritten zurück zum Kamelkarren.

Ohne ein Wort zu sagen, sprang Jesügei von seinem feurigen Hengst, band das Kamel vom Wagen und spannte sein Pferd an die Deichsel, während seine beiden Brüder rechts und links vom Brautkarren ritten.

Ölün-eke beklagte ihr unseliges Schicksal und weinte herzzerreißend. Sie jammerte auch, daß man ihr den Mann genommen hatte.

Einer von Jesügeis Brüdern brach schließlich das Schweigen und herrschte sie an: »Der, den du an dich pressen möchtest, hat schon viele Pässe überschritten. Der von dir beweint wird, hat schon viele Wasser durchritten. Wenn du seine Spur suchtest, würdest du seinen Weg nicht erspähen. Sei still!« Verachtung sprach aus seiner Stimme. Was war auch von einem Mann zu halten, der im Angesicht der Gefahr seine Braut verließ und die Flucht ergriff?

Obwohl seine Worte die Wahrheit trafen, vermochten sie Ölün-eke doch nicht zu trösten. Zu frisch war der Schmerz. Und sie weinte noch immer, als Jesügei mit seiner hübschen Beute im Ordu am Oberlauf des Onon eintraf

Zwar war Jesügei kein mächtiger Khan, sondern nur ein Bagatur, was soviel wie Klanhäuptling bedeutete. Aber er herrschte über ein stattliches Lager von über vierzigtausend Zelten und über das Gebiet zwischen den Flüssen Onon und Kerulen. Er vermochte dem jungen Mädchen vom Stamm der Qongirat einiges zu bieten. Das konnte man schon erahnen, wenn man das Zeltlager von weitem sah.

In der Mitte des Lagers stand das Zelt des Häuptlings. Es war ein Rundzelt von etwa fünf Metern Durchmesser. Ein meterhohes, hölzernes Gerüst aus Latten bildete den Unterbau. Biegsame Pappelstämme schlossen sich an das Lattengerüst an und formten das kegelförmige Dach. Weißer Filz bedeckte das Gestänge. Verlor der Filz im Lauf der Zeit die Farbe, bestäubte man ihn mit Knochenpulver.

Die feste Feuerstelle befand sich genau in der Mitte der Jurte, so daß der Rauch durch die Öffnung in der Spitze des Zeltes abziehen konnte. Von den Zeltstangen hingen alle möglichen Geräte herab, während kostbare Stoffe, Gold, Edelsteine und andere wertvolle Dinge in bemalten Truhen aufbewahrt wurden. Bunte Filzteppiche bedeckten den Boden, während man tagsüber das Bettzeug gebündelt längs der Wand zurechtlegte.

Um das Zelt des Häuptlings stellten die anderen Familien, Sippen und Stämme, die dem Bagatur Treue und Gefolgschaft geschworen hatten, ihre Zelte in Kreisen auf. Die zahlreichen Karren bildeten den äußeren Ring um das Lager, während die Viehherden die nahen Weiden abgrasten.

Jesügei brachte Ölün-eke sogleich in sein Zelt, dessen Eingang wie bei allen Mongolenzelten nach Süden gerichtet war, nach Chin, dem sagenreichen Land der Chinesen – letztlich das Ziel aller kriegerischen Steppenvölker.

»Du wirst es gut bei mir haben«, versicherte Jesügei und schickte Sklavinnen zu ihr, damit es ihr an nichts fehlte.

Ölün-eke hoffte anfangs immer noch darauf, daß der Stamm ihres Bräutigams versuchte, sie aus der Gefangenschaft zu befreien. Doch die Merkiten ließen sich nicht blikken. Offensichtlich war sie ihnen keinen Kriegszug gegen die Bordjigin wert. Und allmählich fügte sich Ölün-eke in ihr Schicksal, das ihr von Tag zu Tag weniger grausam erschien.

Tschiledüs Bild verblaßte allmählich. War er nicht wirklich feige gewesen, sie im Augenblick größter Gefahr einfach sich selbst zu überlassen? Wie anders dagegen war doch Jesügei. Ein tapferer Krieger, der die Gefahr nicht fürchtete und ihr zudem ein Leben bieten konnte, von dem sie unter Tschiledüs Dach noch nicht einmal zu träumen gewagt hätte.

Jesügei besaß zwar bereits eine Frau, Sütschigil. Von ihr hatte er den Sohn Bekter. Doch er erkor Ölün-eke zu seiner Lieblings- und Hauptfrau und versprach ihr: »Deine Söhne sollen dereinst meine Nachfolge antreten!«

Und nun war es soweit. Jesügei befand sich auf einem Kriegszug gegen die Tataren, und sie lag in den Wehen ihrer ersten Niederkunft. Was aber geschah, wenn sie ihm keinen Sohn gebar? Diese Vorstellung quälte sie eine Zeitlang noch stärker als die körperlichen Schmerzen.

Ihre Sorge erwies sich als unbegründet. Eine Stunde später schenkte sie einem gesunden, kräftigen Jungen das Leben. In seiner Faust hielt er einen dicken Klumpen geronnenen Blutes – dunkelrot wie ein Rubin.

Man schrieb das Jahr 1155. Im Kalender der Mongolen, die in himmlischen zwölfjährigen Perioden rechneten, war es das Jahr ›Gach‹ – das Schweinsjahr. Dieser Knabe, in einer mongolischen Jurte am Onon-Fluß geboren, später Dschingis Khan genannt, sollte als der größte Eroberer aller Zeiten in die Weltgeschichte eingehen.

3

Kurz vor Einbruch der Dunkelheit erreichte Jesügei mit seinen siegreichen Reitertruppen das heimatliche Zeltlager. Die Kunde von der Geburt seines Sohnes eilte ihm entgegen.

In freudiger Erregung ritt Jesügei zu seinem Zelt, wo ihn der Schamane empfing.

»Jesügei-Bagatur, dies ist ein großer Tag für dich und den Stamm der Bordjigin«, sagte der oberste Schamane feierlich. »Du hast nicht nur die Tataren in den Staub geworfen, sondern der Himmelsgott hat dir durch Ölün-eke, deine Lieblingsfrau, an diesem Tag auch noch einen Sohn geschenkt. Zur Stunde seiner Geburt kreiste ein Adler über dem Ordu – und in seiner Faust hielt der Knabe einen Klumpen geronnenen Blutes!«

»Und wie deutest du diese Zeichen?« Jesügei stellte die Frage nur aus Höflichkeit, denn man brauchte nicht Schamane zu sein, um diese Zeichen richtig deuten zu können.

»Der Adler und das Blut sind gute Omen, Jesügei-Bagatur. Dein Sohn wird einmal ein gewaltiger Krieger sein, das sagen uns die Zeichen.«

Jesügei lachte. »Ich hätte von meinen Söhnen auch nichts anderes erwartet.«

Der oberste Schamane wollte mit der Deutung der Omen noch fortfahren und setzte zu einer weitschweifigen Erläuterung an. Doch Jesügei hatte für langatmiges Gerede nie viel übrig gehabt. Er rammte seine Lanze neben das Zelt.

»Erzähl mir das später«, sagte er zu dem Schamanen und schlug das Fell vor dem Eingang zur Seite. Mit zärtlichem Blick trat er an das Bett von Ölün-eke. Und dann reichte ihm eine Dienerin den Jungen.

Stolz trat in seine Augen, als er das Kind in die Hände nahm und hochhob. Das Baby ballte sofort die Hände zur Faust und begann zu schreien.

Jesügei lachte. Sein Sohn hatte kräftige Lungen, und alles andere würde er als Sohn und Nachfolger des Bagatur schnell lernen. Weiß Gott, aus ihm würde ein tapferer Mongolenkrieger werden. Und sicherlich würde seine Macht eines Tages weit über die Grenzen hinausreichen, in denen sein Wort, Jesügei-Bagaturs Wort, Gesetz war.

Und da es bei den Mongolen Brauch war, den Namen eines Menschen nach dem wichtigsten Ereignis bei seiner Geburt auszuwählen, gab Jesügei seinem Sohn den Namen Temudschin.

Temudschin bedeutete ›Schmied‹, und das Handwerk des Schmiedes stand bei den kriegerischen Steppenvölkern in hohem Ansehen.

Jesügei gab zur Feier seines erstgeborenen Sohnes Temudschin ein rauschendes Fest in seinem Ordu. Die Gäste kamen von weit her und brachten Geschenke mit, die möglichst weiß waren und in irgendeiner Beziehung zu der Zahl neun standen. Die Mongolen verehrten die Neun als Glückszahl und Weiß als Glücksfarbe.

Und während das rauschende Fest seinen Gang nahm, versicherten die unter Jesügei-Bagatur vereinigten Klan- und

Stammesführer immer wieder, daß Temudschin eines Tages bestimmt ein hervorragender Krieger und Häuptling sein würde, in jeder Hinsicht würdig, die Nachfolge des großen Jesügei-Bagatur anzutreten.

Doch diejenigen, die so redeten, sollten in der Stunde der Not die ersten sein, die ihren Treueschwur vergaßen und Temudschin sogar nach dem Leben trachteten.

4

Noch ehe Temudschin richtig laufen konnte, saß er schon im Sattel. Und von der ersten Minute an fand er Gefallen am Reiten. Niemand brauchte ihn zu zwingen. Seine dunkelblauen Augen leuchteten, wenn sein Vater oder ein Freund ihn auf den Rücken eines Pferdes hob und er den warmen Wind fühlte, der sein rötlichblondes Haar wehen ließ.

Schon als kleines Kind besaß er einen kräftigen Körper und überragte seine Altersgenossen. Auch was Intelligenz, Lernvermögen und Durchsetzungskraft betraf, übertraf er alle anderen. Er war eine geborene Führernatur, und das war gut so. Ein Häuptlingssohn nämlich, der seinen Führungsanspruch bei den Spielkameraden nicht durchzusetzen vermochte, hatte keine Chance, später einmal die Nachfolge seines Vaters anzutreten. Ein Stärkerer würde ihn rücksichtslos zur Seite drängen.

Jahre vergingen, in denen Temudschin täglich mehr lernte

und allmählich auch Pflichten übernahm. Er ging mit auf die Weiden, um Pferde, Ziegen und Fettschwanzschafe zu hüten. Sammelte Reisig in den nahen Wäldern oder holte Kameldung aus der Steppe. Er schleppte Wasser von kristallklaren Bergquellen oder armseligen Wüstenbrunnen ins Lager. Und im Winter füllte er die Kessel mit Schnee, das unter flakkernden Reisigfeuern zu Trinkwasser schmolz.

Die tagtäglichen Arbeiten im Lager waren vielfältig. Besonderen Spaß hatte Temudschin am Schlagen der Stutenmilch, einem Vorrecht der Männer. Auf diese Weise stellten sie nämlich den berauschenden Milchschnaps her, der aus gegorener Stutenmilch bestand, Kumyß genannt.

Aber es wartete nicht nur Arbeit auf den jungen Sohn des Bagatur. Im Sommer durchstreifte er allein oder mit seinen Freunden die dichten Wälder am Onon, warf in den fischreichen Gewässern die Angel aus und lernte, wie man einem Murmeltier eine Falle stellte. Und im Winter glitt er auf glatten Brettern, die er sich unter die Füße band, die verschneiten Abhänge hinunter.

Oftmals beschäftigte sich Temudschin auch ganz allein. Er genoß es, völlig auf sich allein gestellt zu sein und seinen Gedanken ungestört nachgehen zu können.

Eines Tages, als Temudschin hinter dem väterlichen Zelt hockte und sein Jagdmesser sorgfältig schärfte, beobachtete ihn Targhutai, der Häuptling der Taigighut, die Jesügei den Treueschwur geleistet hatten.

Targhutai war ein Mann von eindrucksvoller Gestalt. Er war groß, breitschultrig und ungeschlacht. Ein rauher Krieger, der Jesügei im Zeltlager vertrat, wenn dieser nicht anwesend war.

Als er den Jungen nun am Boden sitzen sah, trat er auf ihn zu und hob ihn zu sich empor, so als würde er eine Feder vom Boden auflesen. Einen Augenblick musterte er das Gesicht Temudschins mit scharfen, durchdringenden Augen.

Dann glitt ein Lächeln über sein grobflächiges Gesicht, und er rief: »Es ist Feuer in seinen Augen und Glanz auf seinem Antlitz!«

Von diesem Tag an hatte Temudschin einen kundigen Lehrmeister, der sich seiner annahm und für ihn sorgte, wenn seine Eltern nicht im Zeltlager weilten.

Es war Targhutai, der ihn mit den verschiedenen Waffen vertraut machte. Er zeigte ihm, wie man eine Lanze treffsicher führt und wie man den Ukriuk gebraucht, die Lederschlinge, mit der man Pferde einfing. Er brachte ihm auch den Umgang mit Pfeil und Bogen bei. Ganz besondere Sorgfalt verwandte Targhutai darauf, daß Temudschin beim Führen des Krummschwertes – er ließ vom Schmied extra einen kleinen Säbel für ihn anfertigen – Ausdauer, Kraft und blitzschnelles Reaktionsvermögen erwarb.

Er führte ihn auch hinaus in die Steppe und zeigte ihm, wie man in dieser lebensfeindlichen Natur überlebte. Er machte ihn mit den Gefahren der Wüste vertraut und lehrte ihn, sich anhand der Gestirne bei Tag und Nacht zu orientieren.

Targhutai gab all sein Wissen an Jesügeis Sohn weiter. Doch er war kein sonderlich zimperlicher oder gar geduldiger Lehrmeister. Er gestand seinem Schüler stets nur einmal zu, daß er etwas falsch machte. Beim zweitenmal jedoch mußte es stimmen.

»Weder die Natur noch deine Feinde werden dir später Gelegenheit geben, einen Fehler wiedergutzumachen, Temudschin«, mahnte er ihn. »Der erste Fehler ist meist tödlich. Denke immer daran. Wenn du etwas tun willst, tue es richtig. Sonst lasse es gleich bleiben!«

Oft war es hart für Temudschin, doch von einem Häuptlingssohn wurde nichts anderes erwartet. Und er lernte rasch und nahm sich die Mahnungen seines Lehrmeisters zu Herzen. Daß sich die Härte, die Targhutai Temudschin anerzog, später auch gegen ihn wenden sollte, ahnte der Taigighuthäuptling nicht.

5

In jener Zeit, als Temudschin noch mit einem kleinen Kindersäbel übte, ritten eines Tages hundert Krieger aus dem mächtigen Volk der Kereiten in Jesügeis Lager am Onon, der dreißigjährige Khan Toghril an ihrer Spitze.

Toghril kam, um Jesügei um Hilfe zu bitten. Sein Volk hatte ihn verjagt, weil seine Grausamkeit nicht länger zu tolerieren war. Um Khan der Kereiten zu werden, hatte Toghril nämlich all seine Brüder, die ihm den Führungsanspruch möglicherweise hätten streitig machen können, umbringen lassen. Und das waren rund vierzig an der Zahl gewesen.

Außer den hundert Gefolgsleuten war ihm von seiner Macht nun nichts mehr geblieben.

Jesügei war nicht sehr davon angetan, Toghril wieder zur Macht und Khanwürde zu verhelfen. Er verabscheute die Grausamkeit dieses Mannes, hütete sich jedoch davor, seine Meinung kundzutun.

Es gab Dinge, die viel schwerer wogen. Die Kereiten lagen genauso wie die Bordjigin in ständigem Kampf mit den Tataren. Toghrils Großvater Markus, der von Missionaren zum Nestorianischen Glaubensbekenntnis bekehrt worden war, es sich aber dennoch nicht hatte nehmen lassen, hundert Frauen sein eigen zu nennen, hatte gleichfalls gegen die Tataren gekämpft. Dann jedoch war er in die Hände seiner Feinde gefallen, die ihn dem Goldenen Kaiser in Chin auslieferten. Dieser ließ ihn unverzüglich pfählen.

Jesügei überlegte sich seine Antwort auf Toghrils Bitte gut. Verhalf er ihm wieder zur Macht, bedeutete das einen mächtigen Bundesgenossen mehr. Toghril stand dann in seiner Schuld.

Zusammen mit seinen Unterführern erörterte Jesügei das Für und Wider eines solchen Eingreifens. Schließlich kamen die Männer zu dem Entschluß, Toghril Waffenhilfe zu gewähren.

Wenig später brach Jesügeis mächtiges Reiterheer auf und drang in das Gebiet der Kereiten ein, stellte die Truppen des neuen Khans und schlug sie vernichtend. Toghril wurde in seinem königlichen Zeltlager am Ufer des Flusses Tola im Schwarzen Wald wieder in Amt und Würden gesetzt.

Der alte und neue Khan gab zu Ehren seiner siegreichen Verbündeten ein rauschendes Fest. Und um seine ewige Dankbarkeit unter Beweis zu stellen, bot Toghril dem Bordjiginhäuptling die Blutsbrüderschaft an.

Dem alten Ritus gemäß ließen Toghril und Jesügei Blutstropfen in eine mit Kumyß gefüllte Schale tropfen, von der dann jeder trank. Damit war der Bund ewiger Treue und Freundschaft besiegelt. Sie waren nun Anda – Blutsbrüder.

Temudschin war noch zu klein, um die ganze Bedeutung dieses Bundes zu begreifen. Doch in nicht allzu ferner Zukunft sollte er sich an die Hilfeleistung zugunsten Toghrils erinnern und seinen Nutzen daraus ziehen.

6

Temudschin war gerade neun, als sein Vater zu der Überzeugung gelangte, es sei nun an der Zeit, eine geeignete Braut für seinen Sohn zu finden. In den vergangenen Jahren hatte ihm Ölün-eke noch drei weitere Söhne und eine Tochter geschenkt: Qasar, er war jetzt sieben, Qatschiun fünf und Temüge gerade drei Jahre alt. Und das Mädchen Temülün war noch ein Baby. Zudem hatte Jesügei von seiner Nebenfrau Sütschigil die beiden Söhne Bekter und Belgütai. Bekter war um einiges älter als Temudschin und verständlicherweise auf ihn eifersüchtig, denn es war sein Halbbruder und nicht er, der ständig im Mittelpunkt stand.

Obwohl Bekter älter war, galt Temudschin als Erstgeborener und Nachfolger seines Vaters. Deshalb galt es, zuerst ihn mit der Tochter eines mächtigen Stammes zu verheiraten. Seine Erbfolge mußte früh gesichert sein, denn der Tod konnte ihn schon im nächsten Gefecht ereilen. Deshalb besprach er sich mit Ölün-eke.

»An welche Verbindung hast du gedacht?« fragte sie. Auch sie hatte sich schon Gedanken über die Wahl einer Braut für Temudschin gemacht. Mongolen pflegten früh zu heiraten, und so war es nicht übertrieben, schon jetzt für ihren Erstgeborenen auf Brautschau zu gehen.

»Ich habe eine Wahl getroffen, die dir gefallen wird«, sagte Jesügei schmunzelnd und strich über seinen Bart. »Ich möchte, daß seine Frau aus einem stolzen und mächtigen Stamm kommt.«

Ölün-eke hatte plötzlich eine Ahnung, und ein belustigtes Lächeln trat auf ihr noch immer junges, reizendes Gesicht. »Willst du auf einen Überfall anspielen, den du vor neun Jahren auf die Braut eines feigen Kriegers vom Stamm der Merkiten unternommen hast?«

Jesügei lachte schallend. »Es war kein Überfall. Ich habe dich nur vor einem tristen Dasein bewahrt. Aber du hast meine Gedanken erraten. Dein Volk, die Qongirat, ist tapfer, mächtig und reich an Töchtern, die einem kampferprobten Krieger die Sinne verwirren können. Schon oft haben wir Mongolen uns Frauen unter den schönsten Mädchen der Qongirat ausgewählt. So war auch meine Großmutter, die Frau des ruhmreichen Kabul Khans, eine Qongirat.«

Ölün-eke nickte, hocherfreut über die Entscheidung ihres Mannes. Sie fühlte sich geschmeichelt und hoffte den Tag zu erleben, an dem die Zelte der Bordjigin und der Qongirat sich zu einem Lager vereinigten. Wer würde dann noch in der Lage sein, sich der gewaltigen Streitmacht ihres Sohnes in den Weg zu stellen? Höchstens noch das mächtige Chin im Süden. Aber das waren vorerst Träume. Viel wichtiger war im Augenblick, daß Jesügei und Temudschin das Ziel ihrer Reise unbeschadet erreichten. Um ins Lager der Qongirat zu gelangen, mußten sie nämlich eine achthundert Kilometer lange Strecke bewältigen, die sie nicht nur durch das Land der ihnen immer noch feindlich gesonnenen Tataren führte, sondern auch über schroffe Gebirge und das gefürchtete ›Trockene Meer‹ – die scheinbar endlose Wüste Gobi.

Tags darauf brachen Vater und Sohn zu ihrer langen und gefährlichen Reise auf. Die Diener hielten für Vater und Sohn zwei herrliche Hengste bereit, denen man während der letzten Monate Fettstückchen unter ihre Nahrung gemischt hatte. Das sollte sie ausdauernder und widerstandsfähiger gegen die zu erwartenden Strapazen machen. Mähne und Schweif waren gestutzt, und das Fell war vorbildlich gestriegelt. Ein drittes Pferd von ebenfalls edler Abstammung wurde mit kostbaren Geschenken für den zukünftigen Brautvater sowie mit dem nötigen Proviant beladen – gedörrtes Fleisch, Wasserschläuche und Qurut, ein bitterer Quark, der aus Buttermilch hergestellt und in der Sonne getrocknet wurde, bis er steinhart war. Um ihn zu verzehren, löste man ihn in kochendem Wasser auf.

Bevor Jesügei und Temudschin aufsaßen, verabschiedeten sie sich von Ölün-eke und den Edlen des Stammes, die sich vor dem Zelt versammelt hatten und ihnen für ihren Ritt den Schutz der Götter wünschten. Dann verließen sie das Ordu. Das Handpferd führte Jesügei am Zügel hinter sich her, und bald entschwand das gewaltige Zeltlager aus ihrer Sicht.

Sie folgten dem Onon flußabwärts und schlugen vom ersten Tag an ein scharfes Tempo an. Im Galopp durchquerten sie die fruchtbaren Täler und Weiden des Stammesgebietes. Und immer wieder blickte Jesügei zu seinem Sohn hinüber und sah zu seiner Freude, daß Temudschin wie ein Mann im Sattel saß und keine Schwierigkeiten hatte, das schnelle Tempo zu halten.

Während der ersten beiden Tage stießen sie immer mal wieder auf kleine Zeltlager. Es waren kleine Klans, die sich unter den Schutz Jesügeis begeben hatten und ihm dafür pflichtgemäß den Zehnten entrichteten.

Wenn sie nicht im Ordu eines befreundeten Klanhäuptlings übernachteten, schlugen sie ihr Lager abends an einem See- oder Flußufer auf. Und Temudschin bewies dann, daß er ein guter Jäger war. Es gab stets reichlich Wild, das er mit Pfeil und Bogen erlegen konnte. In den Nächten deckten sie sich mit warmen Filzdecken zu. Und wenn die Temperaturen zu tief sanken – es war Frühling, und der Sommer ließ sich erst erahnen –, rückten sie näher an die Pferde.

Bald jedoch wurden die saftigen grünen Grasflächen immer seltener, die Täler breiter und die Berge niedriger. Moos und trockene Sträucher bedeckten den kargen Boden. Und dann verschwanden auch diese und machten nacktem schwarzen Gestein Platz. Sie bahnten sich ihren Weg durch schmale Schluchten mit steil abfallenden Felswänden. Und in den zerklüfteten Gesteinsformen heulte der Wind, daß es wie das Geheul von zehntausend Wölfen klang, die dort irgendwo in der Schwärze der Felsspalten lauerten.

Sie hatten mittlerweile längst das Stammesgebiet der Bordjigin verlassen, und nun hieß es auf der Hut sein. Immer wieder stieg Jesügei vom Pferd, legte sich flach auf den Boden und preßte ein Ohr gegen die steinige Erde und horchte angestrengt. Auf diese Weise vermochte er Hufschlag über weite Entfernungen hin auszumachen, ja sogar menschliche Stimmen. Sie befanden sich im Land der Tataren, und da war erhöhte Vorsicht geboten. Näherte sich ihnen ein Reitertrupp, so wichen sie ihm aus und schlugen einen Bogen, bevor sie ihren Weg fortsetzten.

Immer weiter ging es nach Süden, wo jenseits der Wüste Gobi die Weiden der Qongirat lagen. Sie kamen zügig voran. An manchen Tagen legten sie über hundert Kilometer zurück. Das war gut, aber für Jesügei nicht außergewöhnlich. In Notfällen hatte er oftmals schon bis zu dreihundert Kilometer pro Tag zurückgelegt. Das bedeutete mindestens zwanzig Stunden im Sattel, ab und zu ein kleines Nickerchen über dem Hals des Pferdes – und vor allem ständig neue, ausgeruhte Pferde.

Sie waren knapp eine Woche geritten, als eines Mittags plötzlich ein Falke auf sie herabstieß. Er schien direkt aus dem Glutball der Sonne zu fallen. Im Sturzflug fiel er vom

Himmel, ihnen direkt entgegen. Als hätte er vor, sie mit seinen Fängen von den Pferden zu reißen und hoch in die Lüfte zu tragen.

Dann aber brach er seinen Sturzflug auf einmal ab und kreiste majestätisch mit weit ausgebreiteten Schwingen über ihren Köpfen. Schließlich gewann er wieder an Höhe und flog nach Südosten davon.

»Hast du den Falken gesehen?« fragte Jesügei seinen Sohn erregt. »Er kreiste genau über uns. Neunmal!«

»Das ist ein gutes Omen«, sagte Temudschin, der an die Prophezeiungen der Schamanen und die Zeichen, die der Himmelsgott sandte, fest glaubte. »Was mag das bedeuten?«

»Daß wir dem Falken folgen sollen. Nichts anderes hat das zu bedeuten, mein Sohn«, erklärte Jesügei überzeugt, und sie wandten ihre Pferde nach Südosten. Weiter ging der Weg über kargen Wüstenboden. Die Sonne brannte vom Himmel, und die schroffen Felsen, die vor ihnen aus der sandigen Ebene ragten, schienen in der Mittagshitze zu verschwimmen.

Die beiden Reiter jagten nach Südosten, der Richtung des Falken folgend. Das monotone Getrommel der Pferdehufe begleitete sie wie eine ewige Melodie.

Als die Schatten länger wurden und es an der Zeit war, nach einem geeigneten Lagerplatz für die Nacht Ausschau zu halten, erreichten sie ein langgestrecktes Tal, in dessen Mitte ein kleiner See ruhte. Noch glitzerte Wasser, vom Licht der Abendsonne vergoldet, in der steinernen Mulde. Doch in wenigen Wochen, wenn der Sommer einzog und die feuerheißen Winde über die Wüste fegten, würde vom See nichts mehr zu sehen sein.

Auf halbem Weg zum See bemerkten Jesügei und Temudschin plötzlich den einzelnen Reiter, dessen Ziel gleichfalls das klare Wasser des kleinen Sees zu sein schien.

Sofort zügelten sie ihre Pferde und lockerten ihre Waffen. Temudschin rückte den Köcher mit den Pfeilen an seiner Schulter zurecht und wartete nur auf ein Zeichen von seinem Vater, zum Bogen zu greifen.

»Reiten wir langsam weiter«, sagte Jesügei, als er sich überzeugt hatte, daß dieser Reiter nicht etwa einem größeren Trupp vorausritt. Es galt vorsichtig zu sein, und so ließen sie ihre Pferde im Trab gehen.

Es dauerte eine geraume Zeit, bis sich ihnen der Fremde genähert hatte. Sie verhielten die Pferde und blickten ihm entgegen. Ruhig saßen sie im Sattel und warteten.

Der Fremde war ein älterer Mann mit lichten Haaren und einem verrunzelten Gesicht. Die Wüstensonne schien jegliche Flüssigkeit aus seiner Haut herausgesogen zu haben, sie war runzelig wie eine gedörrte Frucht. Doch der Blick seiner grauen Augen war klar und forschend.

»Seid gegrüßt, Brüder!« rief er ihnen zu.

Jesügei musterte ihn rasch. Er trug ein braunes Baumwollgewand und eine Kappe aus Zobelpelz. Ein einfacher Nomade konnte das nicht sein, dafür ritt er einen viel zu edlen Hengst. Auch das kostbare Zaumzeug und der Dolch an seinem Gürtel ließen darauf schließen, daß dieser fremde Reiter kein unbedeutender Mann war.

»Sei ebenfalls gegrüßt«, antwortete Jesügei höflich. »Ich bin Jesügei, Bagatur der Bordjigin. Und das ist mein erstgeborener Sohn Temudschin.«

»Und ich bin Dai-Setchen«, erwiderte der Alte freundlich. Setchen bedeutete soviel wie ›Der Weise‹. Er deutete eine Verbeugung an und setzte ergänzend hinzu: »Ich bin Bagatur des Boskur-Klans vom Stamm der Qongirat. Was führt euch so weit fort von euren Weiden?«

»Ich komme, um bei den Ölqünüyüt-Leuten um ein Mädchen für meinen Sohn zu werben«, sagte Jesügei. Das Volk der Ölqünüyüt, das auch zu den Qongirat gehörte, hatte seine Weiden weiter im Süden.

Dai-Setchen sah Temudschin mit forschendem, durchdringendem Blick an. Und es gefiel ihm, daß der Sohn des Bagatur dem Blick nicht auswich, sondern ihn fest, ja fast sogar ein wenig herausfordernd erwiderte. Ein kaum merkliches Lächeln huschte über sein runzeliges Gesicht.

»Dein Sohn hier ist ein Knabe mit Feuer in den Augen und Glanz im Gesicht«, sagte er lächelnd.

Jesügei nickte stolz. »Er wird einmal über viele Klans und Stämme herrschen!«

»Ich habe diese Nacht einen Traum gehabt, Jesügei«, sagte Dai-Setchen, ohne Temudschin aus den Augen zu lassen. »Es war ein sonderbarer Traum, den ich nicht zu deuten vermochte. Willst du ihn hören?«

Jesügei wurde neugierig. Für einen Mongolen spielten Träume und ihre Deutung eine große Rolle. Sie waren ebenso wichtig wie die Omen und Prophezeiungen der Schamanen.

Und so antwortete er auf Dai-Setchens Frage: »Gern wollen wir deinen Traum hören.«

»Gut. Doch laßt uns zuerst das Nachtlager richten«, schlug Dai-Setchen – Dai, der Weise – vor und glitt aus dem Sattel. »Dann werde ich euch erzählen, was ich diese Nacht geträumt habe.«

7

Das kleine Reisigfeuer prasselte am Ufer des Sees. Die Pferde waren angepflockt und suchten zwischen den Sträuchern nach frischem grünem Futter. Dai-Setchen hatte wie Jesügei und Temudschin ein wenig Dörrfleisch und Qurut zu sich genommen. Nun war es an der Zeit, seinen Traum zu erzählen.

Er legte noch etwas Reisig nach und begann. »Es war ein sonderbarer Traum. Ein weißer Falke kam angeflogen, mit beiden Gestirnen, Sonne und Mond, in den Fängen, und er setzte sich auf meine Hand. Jesügei, ich habe lange über diesen Traum nachgedacht und mir gesagt: ›Sonne und Mond kann man immer sehen. Jetzt aber hat dieser Falke sie mir in seinen Fängen gebracht. Der Weiße hat sich auf meine Hand niedergesetzt.‹« Dai-Setchen schwieg einen Augenblick und fuhr dann fort. »Jetzt weiß ich das Vorzeichen zu deuten. Dieser Traum, die beiden Gestirne, das seid ihr. Dieser Traum ist ein Hinweis darauf, daß ihr Bordjigin-Leute als Glücksboten gekommen seid.«

Jesügei fühlte sich geschmeichelt. »Es mag so sein, Dai-Setchen. Ein weißer Falke in einem Traum ist wahrlich ein gutes Vorzeichen.«

Dai-Setchen beugte sich zu ihm vor. »Warum suchst du dir nicht ein Mädchen aus unserem Stamm für deinen Sohn?«

Jesügei zögerte mit der Antwort. Die Aufforderung kam zu schnell und zu überraschend, als daß er sie sofort hätte beantworten können.

»Unser Stamm ist dir nicht feindlich gesonnen«, ergriff Dai-Setchen wieder das Wort »Und wir sind bekannt für die Schönheit unserer Töchter. Seid meine Gäste und kommt in mein Zelt. Meine Tochter Börte ist ein Mädchen von einer Lieblichkeit, wie ihr sie woanders kaum finden werdet. Sie wäre die richtige Frau für deinen Sohn.«

Temudschin hatte mit wachsender Erregung zugehört. Und alles in ihm drängte danach, dieses Mädchen Börte kennenzulernen. Und so gab er seinem Vater mit einem Blick zu verstehen, er möge doch die Einladung von Dai-Setchen annehmen.

Jesügei blickte ins heruntergebrannte Feuer. Er wußte, daß eine Verbindung mit dem Boskur-Klan für ihn und die Zukunft seines Sohnes sicherlich von großem Vorteil wäre. Die Nähe des mächtigen und reichen Chin hatte dazu geführt, daß die Qongirat weniger auf kriegerische Raubzüge denn auf lukrativen Handel aus waren. Und so waren sie – für die Begriffe der Steppenvölker – reich geworden. Ihre Zelte waren voller Kostbarkeiten, ihre Kleidung feiner und ihre Waffen kunstvoll verziert.

»Wir nehmen deine Einladung gern an«, sagte Jesügei schließlich, als er zu der Überzeugung gelangt war, daß diese Wahl sicherlich nicht schlecht war. Außerdem sprachen ja auch die Vorzeichen dafür.

Früh am nächsten Morgen brachen sie auf, und Dai-Setchen führte sie zu seinem Ordu. Noch vor Einbruch der Dunkelheit erreichten sie eine Oase bei einem Ulmenwäldchen. Gut zwanzigtausend Filzzelte drängten sich hier zusammen.

Während des Rittes hatte Dai-Setchen seinen zukünftigen Schwiegersohn immer wieder beobachtet. Temudschin schien Müdigkeit nicht zu kennen. Auch nach zehn Stunden im Sattel saß er immer noch aufrecht, blickten seine Katzenaugen klar und wachsam. Und nichts schien seinem Blick zu entgehen. Dai-Setchen war mehr als zufrieden. Dieser schon jetzt so stolze und mannhafte Junge war der richtige Mann für seine Tochter.

Nachdem die beiden Gäste vom Onon gebührend im Ordu Dai-Setchens empfangen worden waren, wurden Jesügei und Temudschin in das Zelt geführt, in dem sich die zehnjährige Börte aufhielt.

Temudschin, sonst nicht auf den Mund gefallen, wußte nichts zu sagen, als er Börtes zum Gruß ausgestreckte Hand ergriff und den festen Druck wie ein Verschwörer erwiderte.

Börte sagte etwas zu ihm, doch die Worte flossen an seinem Ohr vorbei. Er hörte nur den weichen Klang ihrer Stimme und sah in ihre großen Augen mit den langen, seidenzarten Wimpern. Er verliebte sich auf den ersten Blick in dieses Mädchen, das trotz ihrer zierlichen Gestalt schon die

Kraft und Zielstrebigkeit eines ausgeprägten Charakters erahnen ließ.

»Nun, wie hat dir Dai-Setchens Tochter gefallen?« fragte Jesügei seinen Sohn, als sie zu später Stunde allein im Gästezelt waren.

»Diese und keine andere!« Seine Antwort kam so schnell wie der Pfeil von einer aufs äußerste gespannten Sehne.

Jesügei lächelte verständnisvoll. Auch vor seinen Augen hatte Börte Gefallen gefunden. »Dann soll es so sein, mein Sohn. Du hast eine gute Wahl getroffen.«

Tags darauf ging Jesügei zu Dai-Setchen, um offiziell für seinen Sohn um Börte anzuhalten. Dai-Setchen war beglückt.

Und anstelle eines langen Feilschens, wie es sonst üblich war, sagte Dai-Setchen: »Wenn ich sie dir gebe und dich erst lange bitten lasse, wird sie zu hoch eingeschätzt. Wenn ich sie dir gebe und dich dabei zuwenig bitten lasse, wird sie zu gering eingeschätzt. Ich will dir meine Tochter geben. Laß du, wenn du abreist, deinen Sohn als Schwiegersohn hier.«

Jesügei war damit einverstanden, gehörte es doch zu den Bräuchen der Steppenvölker, daß der Bräutigam eine Zeitlang im Haushalt des zukünftigen Schwiegervaters verbrachte. Bestand er die Probezeit, stand einer Hochzeit nichts mehr im Wege.

Jesügei blieb noch mehrere Tage im Ordu von Dai-Setchen, das war er ihm als hoher Gast schon schuldig. Zudem wußte er, daß er seinen Sohn lange Zeit nicht sehen würde, vielleicht für Jahre nicht. Und der Gedanke schmerzte ihn.

So nutzte er die wenige Zeit, die ihm noch mit Temudschin bis zu seiner Rückkehr ins Zeltlager am Onon blieb. Zusammen unternahmen sie lange Ausritte, gingen auf Jagd oder saßen auch nur ruhig an einem Fluß und unterhielten sich.

Bei einem dieser langen Gespräche wies er ihn auf die Bedeutung hin, die seine Blutsbrüderschaft mit Toghril, dem Khan der Kereiten, auch für ihn, Temudschin, hatte.

»Ich bin mit meinen Truppen für ihn in den Krieg gezogen, mein Sohn, und habe ihm wieder auf den Thron verholfen, obwohl er die Verbannung verdient hätte.« Ein verächtlicher Ausdruck trat auf sein Gesicht. »Ich mag Toghril nicht. Er ist grausam und hinterlistig, kein Mann, der es wert ist, auf dem weißen Pferdefell des Khans zu sitzen. Aber ich habe ihm nicht die Hilfe, um die er mich bat, versagt. Politisch wäre es unklug gewesen. Sicherlich hätte er einen anderen Häuptling für seine Pläne gewinnen können, und dann hätte ich mir einen mächtigen Mann zum Feind gemacht.«

»Aber du hast ihm doch nicht geholfen, weil du dich vor ihm gefürchtet hast, nicht wahr?« fragte Temudschin, der aufmerksam zuhörte.

Jesügei lachte geringschätzig. »Die Bordjigin würden es auch mit den Kereiten aufnehmen. Nein, es ist gut, wenn andere in der Schuld stehen. Man mag noch so mächtig sein, irgendwann einmal kann sich das Glück wenden, und man ist auf die Unterstützung anderer angewiesen. Vergiß also nie, daß Toghril mein Anda, mein Blutsbruder, ist. Solltest du einmal Beistand nötig haben, zögere nicht, dich an ihn zu wenden.«

»Ich hoffe nicht, daß ich dazu einmal gezwungen sein werde«, erwiderte Temudschin stolz.

»Ich hoffe es genausowenig. Aber sollte dieser Fall einmal eintreten, denke stets daran, daß du nicht als Bittsteller kommst, mein Sohn. Toghril steht in der Schuld unseres Klans.«

»Ich werde daran denken.«

»Und noch etwas«, fuhr Jesügei nach einer Weile fort. »Laß dich nie von persönlichen Gefühlen leiten, sondern von der Zweckdienlichkeit. Gefühle kannst du dir in deinem eigenen Zelt leisten, aber nicht wenn es um deine Stellung und die Zukunft deines Stammes geht.«

»Ich werde mir deinen Rat zu Herzen nehmen«, sagte Temudschin, obwohl er innerlich die Überzeugung seines Vaters nicht ganz teilte.

»Wie kommst du mit Targhutai aus?« wollte Jesügei plötzlich scheinbar ohne jeden Zusammenhang wissen.

Temudschin zuckte die Achseln. »Er war mir ein guter, wenn auch gestrenger Lehrmeister.«

Jesügei lachte rauh auf. »Er ist mehr als nur das. Er ist der zweitmächtigste Mann in unserem Zeltlager. Und vor Männern, die nur an zweiter Stelle stehen, hüte dich wie vor den Giftzähnen der Schlange, mein Junge. Targhutai ist sehr geschickt darin, von sich den Eindruck eines gutmütigen, plumpen Mannes zu erwecken. Aber laß dich nicht täuschen. Er verfolgt im geheimen hochfliegende Pläne. Niemand ist gern der Zweite. Und Targhutai ist im Kern seiner Seele von brennendem Ehrgeiz erfüllt – und zudem ist er rachsüchtig.

Nimm dich also vor ihm in acht. Solange ich Bagatur bin, wird er es nicht wagen, seine Machtgelüste offen zu zeigen. Doch wenn du eines Tages meine Nachfolge antrittst, wirst du einen schweren Kampf mit ihm haben.«

»Ich werde bereit sein«, versicherte Temudschin überzeugt.

Jesügei warf seinem Sohn, aus dessen Worten soviel Selbstsicherheit klang, einen forschenden Blick zu. Er erkannte, daß Temudschin nicht hatte überheblich sein wollen, sondern fest an das glaubte, was er sagte. Und das beruhigte Jesügei.

Wer einmal Bagatur oder gar Khan werden wollte, brauchte diese Zuversicht und ein gelassenes Selbstvertrauen, das auch seine Untergebenen spürten.

Bevor Jesügei das Ordu verließ, überreichte er Dai-Setchen die mitgebrachten Geschenke, zu denen auch das edle Handpferd gehörte, das sie auf ihrem Weg nach Süden mit sich geführt hatten.

Dai-Setchen bedankte sich mit nicht minder kostbaren Gegengeschenken und bekräftigte noch einmal ihre Übereinkunft, die Herden der beiden Ordu gemeinsam auf die Weiden zu schicken, sowie der Bund zwischen Börte und Temudschin besiegelt war.

Temudschin bekämpfte das schreckliche Gefühl des Verlassenseins, als er seinem Vater Lebewohl sagte, nachdem er ihn noch ein gutes Stück begleitet hatte. Von einem Hügelrücken aus blickte er seinem Vater nach, der sein Pferd nach Norden trieb. Seine Silhouette wurde schnell kleiner. Bald zeigte nur noch eine Staubfahne seine Position an, doch auch diese war wenig später nicht mehr auszumachen. Und vor Temudschins Augen lag nichts weiter als die endlose Ebene.

8

Die ersten Tage waren schwer für Temudschin, obwohl sein Stolz es nicht zuließ, sich dies anmerken zu lassen. Er fühlte sich einsam und sehnte sich zurück ins heimatliche Ordu. Er vermißte nicht nur seine Freunde, sondern auch die dichten wilden Wälder am Onon. Zwar waren die Täler, auf deren grünen Weiden die Qongirat ihre Herden weideten, mindestens ebenso fruchtbar wie in seiner Heimat und die Farbenpracht der blühenden Blumen vielleicht sogar noch beeindruckender, doch anstelle dunkler Wälder zogen sich hier an den Flüssen und Seeufern nur lichte Ulmenhaine entlang.

Börte spürte die Wehmut ihres Verlobten, auch wenn Temudschin sich alle Mühe gab, seine wahren Gefühle hinter einer Maske aus Stolz und Unbekümmertheit zu verbergen. Sie sprach ihn nicht darauf an. Das verbat ihr das Taktgefühl. Doch sie tat alles, um ihn auf andere Gedanken zu bringen und mit dem Leben im Ordu ihres Vaters so schnell wie möglich vertraut zu machen. Und sie tat es auf eine Art, die Temudschins tiefe Zuneigung von Tag zu Tag wachsen ließ.

Die Zeit verstrich und tat ihre Wirkung. Bald hatte er sich mit den gleichaltrigen Jungen angefreundet und sich an ihre

Spitze gesetzt. Keiner machte ihm den Führungsanspruch streitig. Sie alle akzeptierten ihn als ihren Anführer, bewies er doch immer wieder aufs neue, daß keiner es ihm gleichtun konnte. Niemand ritt so gut oder hielt sich so lange auf dem Rücken eines wilden Pferdes wie Temudschin. Auch an Mut und Intelligenz vermochte es keiner mit ihm aufzunehmen. Hinzu kam, daß Temudschin ein guter Anführer war und seine Überlegenheit nicht ständig herauskehrte. Und so wurde er nicht nur respektiert, sondern war auch allseits beliebt.

Doch es entsprach nicht Temudschins Natur, seine freie Zeit nur mit Reiterspielen, Jagd und Jungenstreichen auszufüllen. Er vergaß nie, wer er war und was man von ihm, dem Sohn des Bagatur, erwartete. Er wußte schon, daß Macht sich nicht allein auf das Schwert, sondern auch auf Wissen gründet. Und so hielt er Augen und Ohren offen, beobachtete seine Umwelt genau und ließ sich nichts entgehen.

Er stellte schnell fest, daß es im Zeltlager der Qongirat viel zu sehen und zu lernen gab. Es ging hier anders zu als im Ordu seines Vaters.

Die Nähe des Chin-Reiches war von großer Bedeutung für die Qongirat. Es war ein ständiges Kommen und Gehen chinesischer Kaufleute. Und das Eintreffen einer großen Handelskarawane gehörte zum alltäglichen Leben.

Für Temudschin war alles neu, fremdartig und beinahe überwältigend. Er konnte es gar nicht fassen, was die chinesischen Kaufleute alles an Kostbarkeiten ins Zeltlager brachten: herrliche Stoffe, bemalte und mit Lack überzogene Truhen und Schächtelchen, Schnitzereien aus Elfenbein, kunstvoll verzierte Waffen sowie viel Schmuck. All diese Kostbarkeiten häuften sich in den Filzzelten der Qongirat.

Temudschin bemerkte auch, daß die chinesischen Händler ein Zelt nie mit leeren Händen betraten. Großzügig verteilten sie Geschenke an die Frauen und Kinder der Männer, mit denen sie ein Geschäft zu machen gedachten.

Die Chinmänner kauften vor allem Jakfelle, Pelze, Rinder, Pferde, Schafe sowie jede Menge Salz, das die Qongirat ohne großen Aufwand von den Ufern der mongolischen Salzseen in Säcken zu ihrem Zeltlager brachten.

Temudschin konnte nicht begreifen, wie man für derart gewöhnliche Dinge wie Salz, das sich doch jeder nehmen konnte, solche Kostbarkeiten als Gegenwert anbot. Warum holten sich die Chinmänner nicht selbst das Salz von den Seen, dann brauchten sie weder Schmuck noch Stoffe herzugeben? Oder hatten sie von all diesen Kostbarkeiten derart viel, daß es sie nicht schmerzte, sie für so primitive Dinge wie Salz herzugeben? Was mußte das denn für ein sagenhaft reiches Land sein!?

Weil er auf all diese Fragen keine Antwort wußte, wandte er sich an Dai-Setchen, der wie ein Vater zu ihm war und sich oft mit ihm unterhielt.

»Was weißt du über das Chin-Reich?«

Dai-Setchen lächelte versteckt. Ihm war die zunehmende Verwirrung seines künftigen Schwiegersohnes nicht entgangen, und so war er auf Temudschins Frage vorbereitet.

»Die Chinmänner sind ein mächtiges Volk, und ihr Reich beginnt hinter der Großen Mauer, die so breit ist, daß auf ihr sechs Reiter nebeneinander bequem Platz haben«, begann Dai-Setchen. »Und es erstreckt sich bis an das Meer, das zehnmal größer ist als alle Seen zusammen, die du dir vorstellen kannst.«

Temudschin sah ihn ungläubig an.

»Ihre Herrschaft reicht weit über das Meer hinaus«, fuhr Dai-Setchen fort, »das sie mit großen Booten befahren, auf denen hundert Männer mit Leichtigkeit leben können.«

»Und jenseits der Großen Mauer stehen ihre Ordus und weiden ihre Herden?« fragte Temudschin.

Dai-Setchen schüttelte schmunzelnd den Kopf. »Nein, mein Junge. Hinter diesem mächtigen Bollwerk wirst du schwerlich auf Jurten, in denen wir gewohnt sind zu leben, treffen. Dein Auge wird vergeblich danach suchen.«

Temudschin fand Dai-Setchens Antwort seltsam. Hatte der Bagatur seine Frage nicht verstanden?

»Sie leben nicht in Zelten?«

»Nein«, bestätigte Dai-Setchen, den Temudschins fast ärgerliche Verwirrung amüsierte.

»Aber wenn sie nicht in Zelten leben, wo dann?«

»In Häusern, die aus Steinen erbaut sind«, erklärte Dai-Setchen. »Unzählige dieser Steinhäuser stehen im Chin-Reich zusammen und bilden größere Ordus, als du sie dir vorstellen kannst.«

»Zelte aus Stein und größer als das Ordu meines Vaters?« fragte Temudschin zweifelnd.

Dai-Setchen nickte. »Viel größer. Manche dieser Städte, wie sie ihre Ordus nennen, sind zehnmal, zwanzigmal größer als das Zeltlager deines Vaters am Onon. Schwere, dicke Mauern und tiefe, mit Wasser gefüllte Gräben umschließen ihre Städte und machen sie fast uneinnehmbar.«

Temudschin dachte einen Moment über das soeben Gehörte nach. »Aber wie ziehen sie dann bloß mit ihren festen Steinhäusern weiter, wenn die Herden frische Weideplätze brauchen?« wandte er dann ein.

»Ich hätte es dir gleich sagen sollen. Die Menschen jenseits der Großen Mauern sind keine Nomaden wie wir. Sie leben das ganze Jahr über in ihren steinernen Ordus.«

»Aber wovon leben sie?«

»Die Bauern rund um die Städte betreiben Ackerbau und Viehzucht auf dem Land und versorgen mit ihren Erzeugnissen die Bewohner der Städte. In den Städten selbst wohnen Kaufleute, Handwerker, Gelehrte, Hausdiener und Künstler. Die Waren, die sie herstellen, sind unübertroffen. Davon hast du dich ja selbst überzeugen können. Sie sind große Meister der Schmiedekunst, fertigen die schönsten Stoffe an und verarbeiten in ihren Werkstätten Gold, Silber, Perlen und Juwelen zu den kostbarsten Schmuckstücken.«

Aufmerksam hatte Temudschin den Worten Dai-Setchens zugehört. Nun vermochte er eine Frage, die ihm schon längst auf der Zunge lag, nicht länger zurückzuhalten.

»Und all das laden sie auf ihre Pferde und Kamele und bringen es nach einer beschwerlichen Reise hierher, nur um Salz und Felle einzutauschen?«

»So ist es.«

»Gibt es denn im Chin-Reich keine Salzseen?«

»Wenn es sie dort gäbe, würden sie wohl kaum zu uns kommen«, erwiderte Dai-Setchen.

Es fiel Temudschin schwer zu glauben, daß es all das, was es in seiner Heimat gab, nicht in diesem riesigen Chin-Reich geben sollte. Aber viel mehr noch beschäftigte ihn eine andere Sache.

»Wenn es so ist, wie du sagst, warum schickt der Khan der Chinmänner dann nicht seine Krieger aus, um sich zu holen, was er begehrt? Dann brauchte er doch seine kostbaren Waren nicht herzugeben.«

Dai-Setchen schmunzelte. »Die Männer, die in den Städten leben, sind geschickte Handwerker und erfahrene Händler. Doch sie sind nicht wie wir zu Kriegern erzogen worden, mein Sohn. Vermutlich haben die meisten von ihnen noch nie in ihrem Leben ein Schwert in die Hand genommen oder verstehen gar, ein Tier mit Pfeil und Bogen zu erlegen.«

Zweifelnd blickte Temudschin Dai-Setchen an. Zu unglaublich erschienen ihm seine Worte. Männer, die nicht zu kämpfen verstanden? Für ihn als Mongole war das unvorstellbar. Aber wenn Dai-Setchen das sagte, mußte es wohl stimmen. Nicht zu Unrecht nannte man ihn den ›Weisen‹.

Verachtung für das feige, unkriegerische Volk jenseits der Großen Mauer breitete sich in ihm aus. Was nutzten all die Reichtümer, wenn man nicht zu kämpfen verstand? Und mit nachdenklichem Blick betrachtete er den alten Mann an seiner Seite, der mit diesen Feiglingen Handel trieb. Er wußte nicht, ob er Dai-Setchen genauso wie die Chinmänner verachten sollte. Es fiel ihm schwer zu glauben, daß das Volk der Qongirat einträglichen Handel einem beutereichen Kriegszug vorzog. Und obwohl es ihm nicht anstand, stellte er doch die Frage, die er nicht länger zu unterdrücken vermochte.

»Du sagst, das Volk des Chin-Reiches sei friedlich und ungeübt im Gebrauch von Waffen. Warum führst du deine Krieger dann nicht gegen das Chin-Reich, eroberst die steinernen Ordus und nimmst dir die Reichtümer? Was hindert dich, in den Kampf gegen die schwächlichen Chinmänner zu ziehen?«

Ein ungehaltener Ausdruck trat auf Dai-Setchens faltiges Gesicht. Sein hagerer Körper straffte sich. »Hältst du die Krieger meines Volkes für Schwächlinge, für kampfesmüde?« Und ohne Temudschins Antwort abzuwarten, fuhr er zurechtweisend fort: »Meine Männer wissen das Krummschwert und die Lanze genauso geschickt zu führen wie irgendein anderer Stamm. Unsere Pfeile treffen noch immer ihr Ziel, und unser Fangseil verfehlt weder den Kopf eines Wildpferdes noch den eines Feindes. Glaube ja nicht, daß es uns an Mut und Kampfesfreude fehlt, nur weil wir aus dem Handel mit den Chinmännern unseren Nutzen ziehen.«

Beschämt senkte Temudschin den Kopf. Heiß pochte das Blut in seinem Gesicht. »Deinen Worten entnehme ich, daß es etwas sehr Bedeutendes geben muß, das dich und deine Männer an einem Einfall zurückhält«, sagte er beschämt. Er hätte wissen müssen, daß ein Mann wie Dai-Setchen seine guten Gründe hatte, warum er nicht gegen das Chin-Reich in den Krieg zog. Sein Vater, der Bagatur der Bordjigin, hätte für seinen Sohn niemals um die Hand der Tochter eines Schwächlings und Feiglings angehalten.

Der grimmige Zug verschwand von Dai-Setchens Gesicht. »Darauf hättest du kommen sollen, bevor du deine Frage stelltest. Ich will dir sagen, warum ich meine Reiter nicht über die Große Mauer ins Reich der Chinmänner führe. Der Kaiser, so nennt sich der Khan der Chinmänner, bezahlt und unterhält gewaltige Truppen. Hunderttausende von schwerbewaffneten Kriegern stehen ihm Tag und Nacht zur Verfügung, um sein Land zu verteidigen und Angreifer vernichtend zurückzuschlagen. Und keiner dieser Krieger braucht sich um etwas anderes als um seine Waffen und den Kampf zu kümmern. Und auch wenn er nicht kämpft, wird er bezahlt, ernährt und mit einem Quartier versorgt.«

Schweigend hörte Temudschin ihm zu.

»Höre gut zu, was ich dir sage, mein Sohn!« sagte Dai-Setchen nach einer Weile des Schweigens mit mahnender Stimme. »Unterschätze nie das gewaltige Chin-Reich. Die Fertigkeiten der Chinmänner sind beachtlich – auch was die Kriegskunst betrifft. Die Truppen des Kaisers sind ausgezeichnet ausgerüstet. Reiterei und Fußvolk. Zudem verfügen sie über Kampfwagen, welche die Reihen der Gegner durchbrechen, wie der Sturmwind dünnes Gras niederdrückt.«

»Ich werde es nicht vergessen«, versicherte Temudschin, als Dai-Setchen das Gespräch beendete, um sich seinen anderen Pflichten zu widmen.

Als Temudschin nun allein im Gras saß und über das nachdachte, was Dai-Setchen ihm über das Chin-Reich erzählt hatte, fragte er sich, ob es denn nicht doch möglich sei, das so an unermeßlichen Reichtümern gesegnete Land jenseits der Großen Mauer zu erobern. Gut, der Khan der Chinmänner verfügte über gewaltige Truppen, doch die Bewohner der Städte taugten nicht für den Kampf. Wenn es nun ein Volk gab, das nur aus Kriegern bestand, müßte es dann nicht in der Lage sein, das Chin-Reich in die Knie zu zwingen?

Dieser Gedanke ließ Temudschin von diesem Tag an nicht mehr los. Immer wieder mußte er sich an die Weissagungen der Schamanen erinnern, denen zufolge es eines Tages wieder einen mächtigen Mongolenherrscher geben sollte. Einen Groß-Khan, einen Herrscher aller Herrscher, der alle Mongolenstämme wieder unter einer Fahne vereinte und ein Weltreich begründen sollte. So lautete die Prophezeiung.

Wenn sich nun sein Vater und Dai-Setchen zusammentaten und ihre Zelte zu einem Lager vereinigten, so überlegte Temudschin, dann wäre er ihrer beider Nachfolger – und der Führer zweier mächtiger Völkerschaften. Die Macht, die nötig war, um auch anderen Stämmen und Völkern seinen Willen aufzuzwingen, lag dann in seiner Hand...

Temudschin war klug genug, diese Gedanken für sich zu behalten. Noch nicht einmal Börte teilte er seine geheimsten Zukunftspläne mit. Er würde warten, bis die Zeit reif dafür war. Und zuerst einmal brannte er darauf, vierzehn zu werden, um Börte heiraten und mit ihr ins Ordu am Onon zurückkehren zu können.

9

Zwei Reiter jagten über die Steppe. Die Erschöpfung eines langen anstrengenden Rittes hatte ihre Gesichter gezeichnet. Sie hatten die Filzkragen hochgeschlagen, um sich so gut es ging vor den eisigen Winden zu schützen. Der Winter kündigte sich an. Dunkle Wolken ballten sich am Horizont zusammen. Erreichten sie das Qongirat-Lager nicht rechtzeitig, stand ihnen eine schlimme Nacht bevor.

Nur weiter!

Munglik, ein Verwandter Jesügeis, und Sorqan-chira, der Häuptling des Suldus-Klans, trieben die erschöpften Tiere an. Kalter Schweiß bedeckte die Flanken der Pferde, und der heftige Wind riß ihnen Schaumflocken vom Maul. Als ahnten sie, wie wichtig es war, das Lager der Qongirat so schnell wie möglich zu erreichen, mobilisierten sie noch einmal letzte Kraftreserven. Ihre Hufe schienen den trockenen Steppenboden kaum zu berühren.

Endlich tauchte das Ordu auf. Erschöpft lenkten die beiden Männer die abgekämpften Pferde zum Zelt von Dai-Setchen. Sie kümmerten sich nicht um die erstaunten Blicke der Männer und Frauen, die zur Seite sprangen, als die beiden fremden Reiter ins Zeltlager galoppierten.

»Wo ist Temudschin?« rief Munglik. Er wußte, wie unhöflich es war, was er tat. Doch die Zeit drängte. Sie waren ununterbrochen geritten, Tag und Nacht. Und ein ebenso langer und anstrengender Ritt stand ihnen bevor.

Dai-Setchen hörte die rauhen Stimmen, schlug die Decke vor dem Eingang zurück und trat vor das Zelt, gefolgt von Temudschin, der ihm Gesellschaft geleistet hatte.

Ohne sich sein Befremden anmerken zu lassen, begrüßte er seine Gäste mit der Freundlichkeit, die ihnen als Abgesandten Jesügeis gebührte.

Überrascht und glücklich zugleich lief Temudschin auf Munglik und Sorqan-chira, enge Vertraute und Freunde seines Vaters, zu. Über drei Jahre waren vergangen, seit sein Vater ihn hier im Ordu Dai-Setchens zurückgelassen hatte. Und er freute sich über die vertrauten Gesichter aus seinem heimatlichen Zeltlager.

Doch plötzlich wich seine Freude dumpfer Angst. Der erschöpfte und mühsam beherrschte Ausdruck ihrer Gesichter sagte ihm, daß sie mit Sicherheit keine guten Nachrichten brachten. Und sein freudiges Lächeln erlosch.

Es war Munglik, der das bedrückende und erwartungsvolle Schweigen brach. Aus Höflichkeit richtete er seine Worte an Dai-Setchen.

»Jesügei-Bagatur hat uns geschickt. Sein Herz schmerzt, und er sehnt sich nach seinem Sohn. Wir sind gekommen, ihn zu holen.«

Das war alles. Er gab keine weitere Begründung. Dai-Setchen fühlte sich unangenehm berührt. Jesügeis Verhalten entsprach ganz und gar nicht den Gebräuchen der Steppenvölker. Hatte er es sich plötzlich anders überlegt und eine andere Braut für Temudschin ausgewählt? Nein, das traute er dem Bagatur nicht zu. Ein einmal gegebenes Wort würde er nicht brechen. Und er verbannte diesen ungeheuerlichen Gedanken aus seinem Hirn. Jesügei würde schwergewichtige Gründe haben, wenn er nach seinem Sohn verlangte, ohne durch seine Boten eine nähere Erklärung abzugeben. Deshalb stellte er auch keine Fragen.

Er wandte sich an Temudschin. »Wenn dich dein Vater zu sehen wünscht, so gehe«, sagte er zu Temudschin, den er in den vergangenen Jahren wie einen eigenen Sohn liebgewonnen hatte. »Aber gib mir das Versprechen, daß du so schnell wiederkommst, wie es dir die Umstände erlauben.«

»Das Versprechen hast du«, versicherte Temudschin benommen und bedrängte dann Munglik und Sorqan-chira, ihm zu erklären, was ihr unverhofftes Kommen zu bedeuten habe.

»Nicht jetzt«, beschied Munglik ihm knapp und mit Nachdruck. »Später.«

Temudschins innere Unruhe wuchs. Er schlief kaum in dieser Nacht, und schuld daran war nicht das Heulen des Sturmes, der über das Zeltlager hinwegbrauste und an den Jurten zerrte. Irgend etwas war geschehen, daß sein Vater ihn so dringend zu sehen wünschte. Stand ein Krieg bevor? Nein, das konnte schlecht sein, denn davon hätte er auch hier im Ordu seines Schwiegervaters gehört. Derartige Nachrichten verbreiteten sich in der Steppe nämlich schneller, als ein berittener Bote galoppieren konnte.

Erst kurz vor dem Morgengrauen fiel Temudschin in einen flachen, unruhigen Schlaf. Und dann war es schon Zeit, sich vom Lager zu erheben.

Munglik und Sorqan-chira warteten schon mit frischen, ausgeruhten Pferden, die Dai-Setchen ihnen zur Verfügung gestellt hatte, auf ihn.

»Ich bin bald wieder zurück«, verabschiedete sich Temudschin von Börte, die sich tapfer bemühte, ihren Abschiedsschmerz vor ihm zu verbergen.

»Ich werde auf dich warten«, sagte sie leise. »Wie lange es auch dauern mag, Temudschin.« Eine dunkle Ahnung in ihr sagte ihr, daß sie lange auf ihn würde warten müssen.

Temudschin bemerkte, daß er Börtes Hand noch immer hielt, während Munglik und Sorqan-chira Zeichen von Ungeduld verrieten. Mit einem Ruck löste er sich von ihr, umarmte Dai-Setchen, und nachdem er auch ihm noch einmal versichert hatte, daß er so schnell wie nur irgendwie möglich zurückkehren würde, schwang er sich in den Sattel und trieb sein Pferd an.

Im vollen Galopp jagten die drei Reiter nach Norden. Temudschin merkte bald, daß Munglik und Sorqan-chira die Strecke über die Trockensteppe südlich des Flusses Kerulen wählten. Dieser Weg war kürzer, aber nicht ungefährlich zu dieser Jahreszeit. An vielen Stellen war der ausgetrocknete Boden rissig und von den Löchern der Murmeltiere unterhöhlt. Ein unsicheres Terrain für Reiter, die schnell wie der Wind waren. Sie befanden sich ständig in Gefahr, daß die Pferde einbrachen. Und nicht minder gefährlich war auch der Treibsand, den man bei diesem Tempo meist erst dann erkannte, wenn es schon zu spät war.

Munglik und Sorqan-chira nahmen jedoch all diese Risiken

in Kauf. Größtmögliche Geschwindigkeit war jetzt wichtiger als Sicherheit. Jede Stunde zählte.

Die Tatsache, daß die beiden Boten diese gefährliche Route gewählt hatten und nicht daran dachten, dem unsicheren Gelände durch bedachtes Tempo Rechnung zu tragen, steigerte Temudschins Unruhe noch mehr. Er fand während des Rittes jedoch keine Gelegenheit, mit ihnen zu sprechen. Das scharfe Tempo erforderte ihre volle Konzentration, und das Trommeln der Hufe machte jede Unterhaltung im Sattel so gut wie unmöglich. Wohl oder übel mußte sich Temudschin in Geduld üben und darauf warten, daß sie eine Rast einlegten.

Er mußte lange warten. Erst als sich die Dunkelheit über die Trockensteppe gelegt hatte und ein Weiterreiten glatter Wahnsinn gewesen wäre, zügelten die beiden Männer ihre Pferde und beschlossen, im Schutz einer aus dem Boden ragenden Felsplatte das Lager für die Nacht aufzuschlagen.

Temudschin wartete, bis sie die Pferde angepflockt und ein kleines Feuer entfacht hatten. Ihre Gesichter waren grau vor Erschöpfung – und Sorge.

»Weshalb hat mein Vater euch geschickt?« wollte Temudschin nun wissen. »Und weshalb jagen wir in einem so halsbrecherischen Tempo zurück?«

Sorqan-chira warf Munglik einen auffordernden Blick zu. Munglik war mit Temudschin entfernt verwandt, und daher sollte besser er dem Jungen die schreckliche Nachricht überbringen.

Munglik legte das Stück Dörrfleich aus der Hand. Er verspürte keinen Hunger mehr. Sein Magen zog sich zusammen, als er aussprechen mußte, was er vor dem Jungen nun nicht länger geheimhalten konnte.

»Dein Vater liegt im Sterben, Temudschin«, sagte er mit rauher Stimme.

Temudschin begriff im ersten Moment nicht. Dann weiteten sich seine Augen vor Unglauben und Entsetzen. Eisige Kälte floß plötzlich durch seinen Körper. Obwohl er wußte, daß Munglik die Wahrheit sprach, rief er: »Nein! Das... das kann nicht sein!« Als könnte er damit den drohenden Tod von seinem Vater abwenden.

»Jetzt verstehst du, daß wir im Lager von Dai-Setchen keine Auskunft über den Grund unseres Kommens geben durften«, sagte nun Sorqan-chira mit müder Stimme. »Der Bagatur liegt im Sterben.«

Tausend Gedanken stürmten auf Temudschin ein, und ein Gefühl der Panik stieg in ihm auf. Dann bemerkte er die forschenden Blicke der beiden Männer, und er riß sich mit aller Kraft zusammen.

»Was ist passiert?« fragte er knapp und hoffte, daß seine Stimme einen festen Klang hatte. Er war der erstgeborene Sohn des Bagatur. Und wenn Jesügei starb, würde er sein Nachfolger sein.

Aber nicht jetzt schon, schoß es Temudschin entsetzt durch den Kopf. Nicht um diesen Preis!

»Berichte du es, Munglik«, sagte Sorqan-chira und wich dem brennenden Blick des Jungen aus.

Munglik starrte ins Feuer. »Dein Vater befand sich auf einem Ritt, der ihn durch das Land der Tataren führte«, begann er mit ausdrucksloser Stimme. »Als er die Gelbe Steppe zu Füßen des Berges Tschekcher erreichte, war sein Wasserschlauch leer, und ihn dürstete. Er lenkte sein Pferd zum Brunnen und sah dort mehrere Tatarenstämme, die sich an diesem Brunnen zu einem Fest versammelt hatten. Und obwohl es deinem Vater nicht behagte, zusammen mit den Tataren zu trinken und zu essen, saß er doch am Brunnen ab und nahm ihre Einladung, mit ihnen zu feiern, an.«

Temudschin nickte kaum merklich. Niemand konnte eine derartige Einladung abschlagen, ohne sich die Todfeindschaft des Einladenden zuzuziehen. Und das Steppengesetz sagte zudem, daß jeder Gast dem Gastgeber heilig war. Sein Vater hatte also gar nicht anders handeln können.

»Dein Vater nahm also in ihrer Runde Platz und aß und trank«, fuhr Munglik bedrückt fort. »Doch er vergaß wohl, sich an die Vorsichtsmaßnahme zu halten, die gebietet, daß man nur von den Speisen und Getränken nimmt, von denen auch der Gastgeber schon gekostet hat.«

»Die Tataren nun hatten nicht vergessen, daß es die Krieger deines Vaters gewesen waren, die ihnen vor dreizehn Jahren eine vernichtende Niederlage zugefügt und sie unterworfen hatten. Und es war dein Vater gewesen, der ihren Häuptling Temudschin in die Gefangenschaft geführt hatte. Der Haß brannte noch immer in ihren Herzen, und so setzten sie ihm vergiftete Speisen vor.«

Sorqan-chira fiel nun ein. »Die Tataren waren schlau gewesen und hatten ihm Gift in die Speisen gemischt, das nur langsam wirkte. Erst als dein Vater schon wieder auf dem Pferd saß und zum Ordu ritt, spürte er seine Wirkung. Schwankend wie ein junger Baum im Wind hielt er sich auf dem Rücken seines Hengstes. Und mit letzter Kraft erreichte er das Lager am Onon. Weder die Medizin noch die Beschwörungen der Schamanen vermochten das tödliche Gift aus seinem Körper zu vertreiben, und so schickte er uns los, dich unverzüglich zurück ins Ordu zu holen, damit du seine Nachfolge antrittst... und dich an die Spitze des Klans stellst.« Die letzten Worte sagte er mit leichtem Zögern in der Stimme.

Temudschin bemerkte es nicht. Zu sehr erfüllte ihn die Sorge um seinen todkranken Vater – und ein ohnmächtiger Haß auf die Tataren. Seine Gefühle waren nicht in Worten auszudrücken, und so schwieg er und rang um Fassung.

Schließlich stieß er mit haßerfüllter Stimme hervor: »Was immer auch geschehen möge, die Tataren werden für ihren feigen Verrat mit Blut bezahlen. Meine Augen sollen erblinden und meine Hände verdorren, wenn ich nicht Rache nehme!«

Weder Munglik noch Sorqan-chira erwiderten etwas darauf. Es stand ihnen nicht zu, ihre berechtigten Zweifel, ob Temudschin jemals dazu in der Lage sein würde, seinen Racheschwur zu erfüllen, zu äußern. Jesügei-Bagatur lag im Sterben, und sein Sohn, der einst sein Erbe antreten sollte, war ein Junge von erst dreizehn Jahren. Wer würde schon einem Kind Gefolgschaft leisten?

10

Als Temudschin nach Tagen und Nächten quälender Sorge und eisiger Angst das Zeltlager am Onon erblickte, war sein Vater bereits tot. Auf dem freien Platz vor dem Zelt des verstorbenen Bagaturs drängten sich die Männer und Frauen, um den Tod ihres heimtückisch ermordeten Anführers zu beklagen. Schweigend wichen sie zur Seite, als Temudschin näher kam. Doch in ihren Augen bemerkte der Junge nicht nur Mitgefühl, sondern bei vielen auch kaum verhohlene Erleichterung, ja sogar Hohn und Schadenfreude.

Mit seiner starken Hand hatte Jesügei-Bagatur die Stämme und Klans unter seiner Fahne zusammengehalten, hatte Rivalitäten unter den Häuptlingen zum Schweigen gebracht. Doch diese Hand war nun erschlafft, der Bagatur tot und sein Sohn noch nicht alt genug, um die Macht seines Vaters auf sich zu vereinen.

Als Temudschin in das Zelt trat, wo der Leichnam seines Vaters lag und seine Mutter Ölün-eke wehklagend am Totenbett kauerte, trat ihm sein Halbbruder Bekter in den Weg.

»Du kommst zu spät... Erstgeborener!« zischte er ihm höhnisch zu, und ein böses Lächeln lag um seinen Mund. Er gab sich keine Mühe zu verbergen, was er dachte: Du wirst sein Erbe nicht antreten, Temudschin. Du wirst nicht Bagatur! Dein Traum ist ausgeträumt!

Ohne eine Antwort abzuwarten, ging Bekter an seinem jüngeren Bruder, vorbei und verließ das Zelt.

Bekters Worte trafen Temudschin zutiefst. Nicht etwa wegen ihrer Boshaftigkeit, sondern weil sie ihm deutlicher als alles andere machten, wie wenig es doch nutzte, Sohn des Bagatur zu sein, wenn man nicht über die Macht und Gefolgsleute verfügte, um seinen Führungsanspruch auch durchzusetzen. Und wenn in einer solch bitteren Stunde noch nicht einmal die Familie zusammenhielt, wie konnte er dann auf die Hilfe anderer zählen?

Dennoch dachte Temudschin nicht daran, sich aufgrund seines Alters zur Seite drängen zu lassen – und seine Mutter unterstützte ihn darin.

»Dein Vater hat dich zu seinem Erben bestimmt. Und bevor er starb, trug er mir auf, dir zu sagen, daß du die Hoffnung nicht aufgeben und um dein Recht kämpfen sollst.«

»Ich werde kämpfen, Mutter!« sagte Temudschin mit grimmiger Entschlossenheit.

»Wir beide werden kämpfen!« korrigierte sie ihn. »Die Schamanen haben prophezeit, daß du einmal ein großer Krieger sein wirst. Aber vorerst wirst du ohne meine Hilfe nicht zum Ziel kommen.«

Ölün-eke ließ auch wirklich nichts unversucht, die Häuptlinge der Klans an ihren Treueschwur, der auch dem Sohn des Bagatur galt, zu erinnern. Und es gelang ihr, einige von ihnen für sich zu gewinnen. Zumindest hatte es in den Tagen nach Temudschins Rückkehr den Anschein.

Doch Targhutai, der Häuptling der Taigighut, dachte nicht daran, die Führerschaft Ölün-ekes und ihres Sohnes anzuerkennen. Er verkündete herrisch, daß sein Treueschwur nur

Jesügei gegolten habe und niemandem sonst. Durch den Tod des Bagatur habe nun jeder Klanführer wieder das Recht, sich frei zu entscheiden.

Targhutai rief einen Qurultai, eine Versammlung aller Häuptlinge und Edlen, zusammen und verstand es, seine Auffassung in dieser Beratung auch zu der der anderen Häuptlinge zu machen. Und man beschloß, das gemeinsame Zeltlager aufzulösen.

Am nächsten Morgen ließ Targhutai die Zelte seines Stammes abbrechen, die Habseligkeiten auf die Karren laden und die Herden von den Weiden treiben. Und sofort folgten andere Klans dem Beispiel der Kereiten.

Mit ohnmächtigem Zorn verfolgten Ölün-eke und Temudschin den Aufbruch der treulosen Stämme. Als ein Klan nach dem anderen das Lager am Onon verließ, ergriff Ölün-eke die Ssulde, Jesügeis Feldzeichen mit den vier weißen Yakschwänzen und Pferdeschweifen an der Spitze, und schwang sich auf ein Pferd. Zornig ritt sie den Davonziehenden nach und versuchte sie zur Umkehr zu bewegen.

Targhutai blickte sie nur verächtlich an. »Das tiefe Wasser ist ausgetrocknet, der glänzende Stein ist zerbrochen«, erwiderte er ihr kalt auf ihre Vorhaltungen. »Was haben wir mit Frauen und Kindern zu schaffen?«

Seine Worte bewogen auch die noch Schwankenden, das Lager zu verlassen. Auch Sorqan-chira und Munglik, der doch dem sterbenden Jesügei noch versprochen hatte, sich um seine Familie zu kümmern, schlichen aus dem Lager.

Allein Tscharacha, der greise Vater Mungliks, weigerte

sich, die Familie des verstorbenen Bagaturs im Stich zu lassen. Und er war der einzige, der sich Todoyan-Girte, der sich kurz entschlossen an die Spitze des Qiyat-Klans gestellt hatte, in den Weg stellte und ihn beschwor, seinen Treueschwur nicht zu brechen und mit den Männern wieder ins Ordu zurückzukehren.

Todoyan-Girte jedoch hörte nicht auf ihn. »Spar dir deine Ermahnungen, Alter!« rief er unwillig. »Aus dem Weg!«

Tscharacha gab nicht nach und versuchte noch einmal, Todoyan-Girte umzustimmen. »Temudschin...«, begann er.

»Temudschin ist ein Kind!« fiel ihm Todoyan-Girte aufgebracht ins Wort, hob mit wutverzerrtem Gesicht seine Lanze und stieß sie ihm in den Rücken. »Aus dem Weg!... Ich hatte dich gewarnt!«

Aufschreiend stürzte der greise Tscharacha aus dem Sattel. Heiß pochend rann das Blut aus der Lanzenwunde, während Todoyan-Girte sein Pferd antrieb und davonritt, ohne den am Boden liegenden Alten noch eines Blickes zu würdigen.

Mühsam und unter großen Schmerzen schleppte sich Tscharacha zurück in das Lager, das nur noch aus einer Handvoll Zelte bestand.

Als Temudschin, erschüttert über den Verrat der Klans und die Gewalttätigkeit Todoyan-Girtes, an das Bett des Schwerverwundeten trat, ergriff Tscharacha seine Hand und sagte mit bebender Stimme:

»Ich wollte das Volk, das dein edler Vater unter seiner Fahne vereint hatte, an seine Pflicht erinnern. Und so hat man es mir gelohnt. Vergiß es nie!«

Temudschin schüttelte stumm den Kopf. Niemals würde er vergessen. Weder den Giftanschlag der feigen Tataren noch den schändlichen Verrat der Klanhäuptlinge. Er würde Rache nehmen, wenn seine Zeit gekommen war. Und er zweifelte nicht eine Sekunde daran, daß sie einmal kommen würde.

An diesem Tag hörte Temudschin auf, ein Kind zu sein.

11

Nicht die Rache, sondern das nackte Überleben stand in der folgenden Zeit im Vordergrund aller Überlegungen. Der Winter brach herein, und eine schlimme Zeit begann für Ölün-eke und ihre Kinder. Von den Viehherden war ihr kaum etwas geblieben. Sogar den Zehnten, der ihr als Witwe des Bagatur zustand, hatten ihr die abziehenden Klans nicht zurückgelassen. Nackte Armut herrschte in den wenigen Zelten, in denen sie mit ihren Kindern lebte.

Wilder Lauch, Wurzeln, Ebereschen, Zwiebeln und gekochte Hirse bildeten in dieser bitteren Zeit ihre klägliche Nahrung. Das wenige Vieh, das in den Wintermonaten mehr und mehr abmagerte, durfte nicht geschlachtet werden. Schon so war es schwierig, die lächerlich kleine Herde zu erhalten und hinüber in den Frühling zu retten.

Temudschin fügte sich in sein bitteres Schicksal. Was blieb ihm auch anderes übrig. Er half seiner Mutter bei der Nahrungssuche, so gut er konnte. Es war Festtag in ihren Zelten, wenn es ihm und seinen Brüdern einmal gelang, ein Stück Wild zu erlegen. Qasar, der von ihnen allen der beste Bogenschütze war, erhielt jedoch selten genug die Gelegenheit, seine Schießkünste unter Beweis zu stellen.

Endlich zog der Frühling in die Täler am Onon ein und verwandelte das Land in einen blühenden Garten. Die bedrükkende Zeit der Wintermonate verblaßte zu einer Erinnerung. Temudschin und Qasar gingen nun fast täglich auf die Jagd oder suchten das Ufer des Onon nach reichen Fischgründen ab. Und oft brachten sie Bachforellen und junge Lachse heim.

Doch fast genausooft nahmen ihnen ihre Halbbrüder Bekter und Belgütai die Beute ab – mit Gewalt. Sie lauerten Temudschin und Qasar auf, warteten, bis sie nach langen Stunden ermüdenden Fischens oder Jagens etwas erbeutet hatten, und rissen ihnen dann die Beute aus den Händen. Und im Zelt Ölün-ekes prahlten sie mit dem prächtigen Fisch, den sie angeblich gefangen hatten.

Temudschin und Qasar konnten nichts dagegen unternehmen. Bekter und Belgütai waren körperlich einfach stärker. Sie konnten sich nehmen, was ihnen beliebte.

Als sich Temudschin einmal bei seiner Mutter beklagte, bekam er statt Zustimmung eine Ermahnung zu hören. »Streitet euch nicht, Temudschin! Ihr seid Brüder, und ihr müßt zusammenhalten.«

»Daran solltest du Bekter und Belgütai erinnern!« erwiderte Temudschin zornig. »Sind sie es nicht, die einen Keil zwischen unsere Familie treiben? Es ist nicht recht, daß sie uns berauben, als wären sie unsere Feinde. Und bin ich nicht der Erstgeborene, dem sie eigentlich Folge leisten müßten?«

Ölün-eke seufzte betrübt. »Ihr dürft euch nicht entzweien.« Ein resignierter Ton schwang in ihrer Stimme mit. Sie war sich der Wirkungslosigkeit ihrer Worte nur zu sehr bewußt. Besonders die tiefe Kluft zwischen ihrem Sohn Temudschin und Bekter ängstigte sie. Vergeblich hatte sie versucht, sie einander näherzubringen. »Wie wollt ihr euch für die uns zugefügte Schmach rächen, wenn noch nicht einmal ihr Brüder zusammenhaltet?«

»Eines Tages werde ich den Verrat rächen, Mutter«, erwiderte Temudschin mit fester Stimme. »Aber bevor nicht endgültig geklärt ist, wer hier wem Gefolgschaft zu leisten hat, wird an Rache nicht zu denken sein!« Damit wandte er sich ab und eilte, von ohnmächtigem Zorn erfüllt, aus dem Zelt.

Wenige Tage nach diesem für Temudschin so unergiebigen Gespräch mit seiner Mutter saßen Qasar und Temudschin wieder einmal am Ufer des Onon. Vorsichtig zogen sie ein Schleppnetz, das sie selbst geknüpft hatten, durch das Wasser.

»Jetzt!« rief Qasar aufgeregt.

Sie rissen das Netz mit einem mächtigen Ruck aus dem Wasser – und spürten sofort an seinem Gewicht, daß sie einen dicken Fisch gefangen haben mußten. Schnell trugen sie das Netz mit dem darin zappelnden Fisch vom Ufer weg und legten es ins Gras.

»Sieh ihn dir an!« Qasar schlug das Netz zurück. »Ist das ein fetter Brocken!«

Temudschin lachte ausgelassen und packte den glänzenden Sochosun-Fisch an der Schwanzflosse. Vergeblich versuchte sich der Fisch aus dem Griff zu befreien. Er krümmte sich hin und her und schnappte verzweifelt nach Luft.

»Das ist der dickste Fisch, den wir je gefangen haben«, stimmte Temudschin ihm begeistert zu.

Auf einmal hörten sie hinter sich im Unterholz das Knakken von Zweigen und das Rascheln von Blättern. Sie fuhren herum und sahen Bekter und Belgütai, die zwischen den Büschen hervortraten.

»Sieh an, die beiden erfolgreichen Brüder Temudschin und Qasar«, sagte Bekter mit übertriebener Freundlichkeit, während der verächtliche Blick seiner Augen seine Worte Lügen strafte. »Ein recht hübsches Fischlein, das ihr da gefangen habt.«

Temudschin blieb der gierige Blick seines Halbbruders nicht verborgen, und alles krampfte sich in ihm zusammen. Fieberhaft überlegte er, was sie tun konnten, um Bekter und Belgütai zu entkommen. Doch die beiden, jeder mit Lanze und Bogen bewaffnet, hatten ihnen den Fluchtweg abgeschnitten. Sie standen mit dem Rücken zum Fluß.

»Was wollt ihr?« fragte Temudschin scharf.

»Wir haben uns Sorgen um dich gemacht«, spottete Bekter. »Nicht wahr, Belgütai?«

Belgütai nickte wortlos. Er redete nie viel und überließ das Wort stets Bekter. Doch seine Augen verfolgten wachsam jede Bewegung der beiden Halbbrüder.

»Wir fürchteten schon, ihr seid in den Fluß gefallen«, fuhr

Bekter fort und lehnte sich mit aufreizender Selbstsicherheit auf die Lanze.

»Spar dir deine spöttischen Worte!« fuhr Temudschin ihn an. »Und nun gib den Weg frei!«

Bekter lächelte. »Selbstverständlich. Wie könnte ich dem Erstgeborenen auch den Weg verstellen wollen.« Und dann verschwand dieses gemeine Lächeln von einer Sekunde auf die andere von seinem Gesicht. »Aber alles der Reihe nach, Temudschin. Erst gibst du den Fisch her!« Herrisch streckte er die Hand aus.

»Nein!« Temudschin wich einen Schritt zurück. Unter seinen Füßen spürte er schon den weichen, nassen Ufersand. »Das ist unser Fisch. Versucht es doch selbst, wenn ihr einen Fisch mit nach Hause bringen wollt.«

»Ich hab' gesagt, du sollst den Fisch hergeben!« herrschte Bekter ihn unwillig an. »Oder willst du erst meine Faust zu spüren bekommen?«

»Das ist gemein!« schrie Qasar wutentbrannt. »Ihr habt kein Recht, uns ständig zu berauben!«

Bekter zog höhnisch die Augenbrauen hoch. »So, haben wir das nicht?«

»Ihr handelt wie feige Schakale!« stieß Temudschin hervor, ahnte jedoch, daß das Bekter kaum davon abhalten würde, ihm den Fang abzunehmen.

»Du irrst dich!« erwiderte Bekter nun kalt. »Wir handeln weder gemein noch wie feige Schakale, sondern wir richten uns nach den Gesetzen der Steppe und der Wildnis. Jeder nimmt sich, was er braucht. Und wenn zwei dasselbe wollen, bekommt es der stärkere von ihnen. So einfach ist das! Und du wirst doch wohl nicht bezweifeln wollen, daß Belgütai und ich stärker sind als ihr beide! Oder sollen wir es euch noch mal beweisen?«

Temudschin starrte ihn mit brennenden Augen an. Deutlich fühlte er, wie das Blut in seinen Schläfen pochte. Ein unbändiger Zorn tobte in ihm.

»Wir gehören zu einer Familie, Bekter!« brachte er schließlich mit heiserer Stimme hervor. »Und ich bin von unserem Vater dazu bestimmt worden, seine Nachfolge anzutreten, auch wenn dir das nicht ...«

Bekter fiel ihm barsch ins Wort. »Du wirst niemandes Nachfolge antreten!« Seine Stimme überschlug sich vor Haß. »Jesügei ist tot, und das Erbe besteht aus ein paar Pferden und Rindern. Erstgeborener! Daß ich nicht lache. Ein Nichts bist du, Temudschin! Du kannst über deinen Bruder Qasar herrschen, wenn ihm das paßt, aber nicht über mich und Belgütai.« Er lachte höhnisch. »Was kümmert mich dein Recht als Erstgeborener, solange ich der Stärkere bin? Und jetzt gib den Fisch her, großer Nachfolger des Bagaturs, oder ich schlage dich zusammen!«

Temudschin preßte die Lippen zusammen. Er hatte gelernt, den Haß seines Halbbruders zu erwidern. Aber noch fehlte es ihm an körperlicher Kraft, es mit ihm aufzunehmen. Es war aussichtslos, sich mit ihm in einen Kampf einzulassen. Das hatte er schon mehrfach erfahren müssen.

Doch sein Stolz verbot es ihm, den Fisch einfach so herzugeben. Qasar konnte ihm nicht helfen. Belgütai gab ihm mit einem warnenden Blick zu verstehen, daß er sich besser aus dem Streit zwischen Bekter und Temudschin heraushielt. Ansonsten würde er es mit ihm, Belgütai, zu tun bekommen.

»Her damit!« wiederholte Bekter seine Forderung und trat auf Temudschin zu, der nun nicht weiter zurückweichen konnte.

»Da!... Hier hast du ihn!« schrie Temudschin und schleuderte ihm den schweren Fisch mit aller Kraft ins Gesicht. Bekter schrie auf, geriet ins Stolpern, fing sich jedoch sofort wieder. Wut darüber, daß Temudschin ihn anzugreifen gewagt hatte, verzerrte sein Gesicht. Er riß seine Lanze hoch und rammte ihm das stumpfe Ende vor die Brust.

Temudschin wurde von dem wuchtigen Schlag nach hinten geschleudert, verlor das Gleichgewicht und stürzte rücklings in den Uferschlamm. Ein glühender Schmerz raste von der Brust aus durch seinen Körper. Und der schwere Fisch glitt aus seiner Hand.

Blitzschnell hatte Bekter sich gebückt und den Fisch an sich genommen. Rasch trat er zu Belgütai zurück. Er blickte höhnisch auf seinen im Matsch liegenden Halbbruder hinunter.

»Versuche ja nicht noch einmal, mich anzugreifen!« warnte er ihn. »Das nächste Mal breche ich dir die Knochen... Erstgeborener!«

Tränen der Wut und des Schmerzes standen in Temudschins Augen, als er sich mühsam aufrichtete und sah, wie Belgütai und Bekter mit dem Fisch abzogen. Und er schwor sich, für diese Demütigung bittere Rache zu nehmen.

12

Schweigend hockte Temudschin im hohen Gras. Sein abwesender Blick war in die Weite gerichtet. Doch er sah nicht die kleine Viehherde, die unterhalb der Hügel weidete und die er zusammen mit Qasar zu beaufsichtigen hatte. Seit Tagen überlegte er, wie er sich am besten an Bekter rächen könnte.

Er, Temudschin, war der rechtmäßige Nachfolger Jesügeis. Doch wie sollte er seinem Recht Geltung verschaffen? Unmöglich konnte er so lange warten, bis seine jetzt noch kleinen Geschwister alt genug waren, um ihm beistehen zu können. Dann würde es zu spät sein. Jetzt mußte etwas geschehen. Es durfte einfach nicht so weitergehen, daß Bekter und Belgütai sich über seine Vorrechte hinwegsetzten und ihn demütigten.

Immer wieder drängte sich Börte zwischen seine Gedanken. Sie fehlte ihm. Ob sie auf ihn warten würde? Sie hatten sich versprochen, aufeinander zu warten. Aber wie sollte er ihr unter die Augen treten und ihrem Blick standhalten können, solange sein Halbbruder ihm die Führerschaft streitig machte? Nein, diese Schmach durfte er ihr nicht antun. Und sicherlich würde auch Dai-Setchen ihn nicht wieder mit offenen Armen in seinem Ordu willkommen heißen, wenn er nicht bewiesen hatte, daß er zu kämpfen und zu gewinnen verstand. Niemals würde er seine Tochter einem Feigling zur Frau geben.

Aber auch ohne Börte wäre er zum Handeln gezwungen

gewesen. Es mußte einfach etwas geschehen. Einmal davon abgesehen, daß die Demütigung Vergeltung verlangte.

»Hörst du mir überhaupt zu?«

Temudschin schreckte aus seinen Gedanken auf und blickte Qasar verwirrt an. »Entschuldige, was hast du gerade gesagt?«

Qasar machte eine wegwerfende Handbewegung. »Ach, war nicht so wichtig. Sag mal, wo bist du nur die ganze Zeit mit deinen Gedanken? Die letzten Tage hast du kaum ein Wort gesprochen.«

»Dafür habe ich um so mehr nachgedacht.«

»Und worüber?«

»Über uns – und über Bekter und Belgütai. Und darüber, was aus uns allen einmal werden soll, wenn das mit Bekter so weitergeht.«

Qasar verzog das Gesicht zu einer grimmigen Miene. »Wir brauchen doch einfach nicht mehr fischen und jagen zu gehen. Dann gibt es auch nichts, was uns die beiden abnehmen können.«

»Das hieße, vor ihnen in die Knie zu gehen«, erwiderte Temudschin ungehalten.

Qasar nickte. »Du hast recht. Den Gefallen werden wir ihnen niemals tun.«

»Außerdem wäre es auch keine Lösung, Qasar. Sie würden dann einen anderen Weg finden, um uns zu tyrannisieren. Wir müssen etwas unternehmen.«

»Schon, aber nur was?« Qasar war ratlos.

Temudschin schwieg eine Weile. Dann sagte er nachdenklich: »Eigentlich hat Bekter recht mit dem, was er unten am Fluß sagte.«

Erstaunt sah Qasar seinen Bruder an. Hatte er seine Meinung auf einmal doch geändert? Wollte er sich seinem Halbbruder womöglich freiwillig unterordnen? Nein, das konnte er einfach nicht glauben. Hinter Temudschins Worten mußte mehr stecken als diese oberflächliche Deutung.

»Das mußt du mir schon näher erklären.«

»Er hat recht, wenn er sagt, daß sich jeder nehmen kann, was er begehrt, wenn er nur stark genug ist, seinen Willen durchzusetzen«, erklärte Temudschin.

»Richtig«, stimmte Qasar ihm zögernd zu. »Aber in diesem Fall sind es unsere Brüder, Temudschin. Bekter und Belgütai gehören nicht einem fremden und mit uns verfeindeten Stamm an. Sie gehören zu unserer Familie!«

Temudschin schüttelte nachdrücklich den Kopf. »Eben das ist falsch, Qasar. Sie sind genauso unsere Feinde wie die Tataren, die unseren Vater vergiftet haben. Durch ihr Verhalten haben sie bewiesen, daß sie außerhalb unserer Familie stehen. Weder respektieren sie die Entscheidung ihres Vaters, der mich zu seinem Nachfolger bestimmt hat, noch kümmert sie der Zusammenhalt unserer Familie, die doch schon von genügend Feinden bedroht ist. Wir werden niemals in der Lage sein, Rache an den Verrätern zu nehmen, wenn wir vorher nicht die Feinde in unseren eigenen Reihen geschlagen haben!«

»Ich glaube, du hast recht, Temudschin«, sagte Qasar bedrückt. »Bekter ist unser Feind, und er stachelt Belgütai gegen uns auf. Aber wie sollen wir Bekter bloß schlagen? Er ist von uns allen der stärkste!«

»Nur was die Kraft seiner Muskeln betrifft«, schränkte Temudschin ein.

Qasar begriff plötzlich, worauf Temudschin hinauswollte. Seine Augen weiteten sich in jähem Erkennen. Aber er wagte es nicht auszusprechen.

Temudschins Blick blieb fest, ruhig und entschlossen. »Qasar, ich habe lange darüber nachgedacht. Uns bleibt keine andere Wahl. Er zwingt uns selbst dazu.«

Qasar antwortete noch immer nicht, so als könnte er durch sein Schweigen das Ungeheuerliche verbannen. Doch in seinem Innersten schrie alles danach, diesen ungeheuerlichen Gedanken in die Tat umzusetzen.

Temudschin sah seinen Bruder, dessen Gesicht blaß geworden war, forschend an. »Sag mir nur eins: Willst du dich weiterhin von Bekter demütigen lassen?«

»Nein!«

»Und willst du weiterhin zulassen, daß sich unsere Familie in dieser Zeit der Not und Gefahr in zwei feindliche Lager spaltet?«

»Nein! Das muß ein Ende haben!«

»Dann bleibt uns nur eins zu tun«, folgerte Temudschin unerbittlich.

Qasar nickte und nahm seinem Bruder die einzig mögliche Antwort ab. »Du hast recht, Temudschin. Uns bleibt wirklich keine Wahl. Wir müssen Bekter töten!«

Nun war es gesagt. In stummem Einvernehmen blickten

sie sich an. Ihr Entschluß war gefaßt. Unwiderruflich. Es gab für sie kein Zurück mehr. Das Ungeheuerliche mußte getan werden.

Sie sprachen nicht weiter darüber, denn jeder wußte, was zu tun war. Sie mußten eine günstige Gelegenheit abwarten und ihre schreckliche Tat schnell und gründlich ausführen.

Zwei Tage darauf ergab sich die Gelegenheit zum Brudermord. Belgütai hielt sich unten am Fluß auf, während Bekter die sieben Pferde, die ihnen geblieben waren, auf der Weide hütete.

Temudschin und Qasar nahmen Bogen und Pfeile und schlichen sich von zwei Seiten an Bekter an, der ahnungslos im Gras saß. Erst als sie mit gespanntem Bogen aus ihrem Versteck heraustraten, bemerkte er sie.

Ohne ein Wort zu verlieren, schossen sie die Pfeile ab. Tödlich getroffen fiel Bekter ins warme Gras. Mit gebrochenen Augen starrte er zu Temudschin und Qasar hoch, die vorsichtig näher getreten waren.

Abrupt wandte sich Temudschin ab. »Er hat uns dazu gezwungen!« sagte er hart. »Wir haben getan, was wir tun mußten!«

Qasar nickte stumm, doch das Entsetzen über die eigene Bluttat stand ihm im Gesicht geschrieben. Bekter war immerhin ihr Bruder gewesen, auch wenn sie ihn gehaßt hatten.

In düsterem Schweigen kehrten sie zur Jurte zurück. Und während Qasar sich fragte, wie ihre Mutter auf ihren Brudermord reagieren würde, machte Temudschin sich mehr Gedanken um Belgütais Reaktion.

Ölün-eke sah die harten Gesichter ihrer Söhne und wußte sofort, was geschehen war. Sie hatte geahnt, daß es einmal passieren würde, doch sie hatte sich stets dagegen gewehrt, es nicht wahrhaben wollen. Doch nun las sie ihnen die grausame Tat von den Augen ab.

»Was habt ihr mit Bekter gemacht?« fragte sie mit atemloser Stimme, als bekäme sie plötzlich keine Luft mehr.

»Wir haben ihn getötet, Mutter!« sagte Temudschin ohne große Umschweife. Und er dachte auch nicht daran, sich zu rechtfertigen. Er bereute nicht, was sie getan hatten. Sie hatten keine andere Wahl gehabt. »Die schlimmsten Feinde sind die in den eigenen Reihen!«

Ölün-eke geriet außer sich. »Ihr Mörder!« schrie sie. »Der eine wurde mit einem Blutklumpen in der Hand geboren, als er aus meinem Schoße herauskam. Der andere gleicht einem Chasar-Hund, der nach der eigenen Nachgeburt schnappt! Wie ein Tiger seid ihr, der am Felsrand dahinrast, wie ein Löwe, der seinen Grimm nicht unterdrücken kann, wie ein Falke, der auf seinen eigenen Schatten stößt, wie eine Mandarinente, die ihre eigene Brut frißt, wenn sie ihr nicht folgen kann, wie ein Schakal!«

Mit ausdruckslosem Gesicht nahm Temudschin die Vorwürfe seiner Mutter entgegen. Er sagte nichts, wartete nur, daß sie ihrem Schmerz Ausdruck verliehen und den ersten Schock überwunden hatte. Er konnte nicht so tun, als würde er den mit kalter Berechnung begangenen Mord bedauern. Im Gegenteil, er war froh, daß es endlich geschehen war.

Ölün-eke raufte sich die Haare. »Wo ihr außer dem Schatten keine Gefährten und außer dem Schweif keine Peitsche habt, wo ihr die uns von Targhutai angetane Schmach nicht verwinden dürftet und sagen müßtet: ›An wem können wir uns rächen?‹ – Da geht ihr hin und tötet euren Bruder!«

»Wir mußten es tun!« erwiderte Temudschin nun unerschütterlich in seiner Überzeugung, die einzig richtige Entscheidung getroffen zu haben. Und er verließ das Zelt. Er wollte mit sich und seinen Gedanken allein sein.

Ölün-eke würde sich mit den Tatsachen abfinden, daran gab es nicht den geringsten Zweifel. Aber würde es auch Belgütai tun?

Er mußte sich mit seinem Halbbruder aussöhnen, sonst würde niemals Frieden in ihrer Familie herrschen. So schwer es auch sein mochte, er mußte Belgütai davon überzeugen, daß er nichts von ihm und Qasar zu befürchten hatte, solange er ihn nur als Führer anerkannte.

Belgütai traf der Tod seines Bruders schwer. Jetzt stand er allein gegen Temudschin und Qasar. Und eine Zeitlang glaubte er, daß sie auch ihm nach dem Leben trachteten. Er ging ihnen aus dem Weg und war ständig auf der Hut, rechnete jeden Tag mit einem heimtückischen Anschlag und hatte deshalb auch nachts seine Waffen griffbereit neben seinem Lager liegen. Eines Tages, Belgütai hatte eine einsame Stelle am Fluß aufgesucht und die Angel ausgeworfen, trat Temudschin ihm gegenüber.

Belgütai hatte geglaubt, an diesem versteckten Ort sicher zu sein. Und so erschrak er zutiefst, als er Temudschin erblickte – mit dem Bogen in der Hand.

»Bist du gekommen, um nun auch mich umzubringen?« stieß Belgütai hervor, und seine Hand fuhr zum Dolch an seinem Gürtel hinunter. Es war eine instinktive Geste ohne große Bedeutung. Temudschins Pfeil würde ihn treffen, bevor er Zeit hatte, den Dolch zu ziehen.

»Ich bin gekommen, um mit dir zu reden«, erwiderte Temudschin.

»Ist Brudermord die Sprache, die dir am geläufigsten ist?« Belgütai gab sich Mühe, seine Angst zu verbergen. Wenn er schon sterben mußte, wollte er ihm doch nicht den Gefallen tun, feige wie ein Hund um Gnade zu winseln.

Temudschin ging nicht darauf ein. »Wir hätten Bekter nicht getötet, wenn er uns nur eine andere Wahl gelassen hätte«, sagte er ruhig. »Du weißt sehr wohl, was er uns angetan hat...«

»Ist das Grund genug gewesen, ihn zu töten?« stieß Belgütai hervor.

»In normalen Zeiten sicherlich nicht«, gestand Temudschin ein. »Aber wir leben hier wie die Aussätzigen, verraten von den Männern, die unserem Vater ewige Treue geschworen hatten, und ständig von der Gefahr bedroht, daß Targhutai eines Tages vielleicht zu der Überzeugung gelangt, daß es besser ist, unsere Familie gänzlich auszulöschen. Und in solch einer Zeit der Not und Gefahr brachte Bekter Haß und Zwiespalt in unsere Familie. Zudem setzte er sich über meine Rechte als Erstgeborener hinweg. Hättest du dir das gefallen lassen, wenn du an meiner Stelle gewesen wärst?«

Belgütai sah ihn mißtrauisch an und nagte an seiner Unterlippe. Was Temudschin da vorbrachte, war nicht von der Hand zu weisen. Bekter hatte Temudschin durch sein höhnisches und räuberisches Verhalten herausgefordert. Das stimmte schon. Und doch!

»Du hättest ihn nicht töten müssen!«

Temudschin sah ihn ruhig an. »Sondern? Bekter war stärker als wir alle, und darauf hat er sich verlassen. Er hat mich und Qasar gedemütigt, Belgütai. Und wie kann ein Mann Achtung vor sich selbst haben, wenn er zuläßt, daß man ihn demütigt? Der große Jesügei-Bagatur war unser Vater, und keiner seiner Söhne darf zulassen, daß man ihn demütigt. Wer so etwas tut, muß damit rechnen, daß man mit den Mitteln, über die man verfügt, mit aller Macht zurückschlägt! Und die einzige Möglichkeit, Bekter in seine Schranken zu weisen, bestand nun mal darin, ihn zu töten, wie grausam das auch sein mag.«

Belgütai wurde schwankend in seinem Urteil. Er wußte, daß Temudschin recht hatte. Die Gesetze der Steppen verlangten, daß man sich für angetane Schmach rächte oder aber die Verachtung, die einem Schwächling gebührte, auf sich nahm.

»Ich möchte, daß wir Freunde werden«, sagte Temudschin plötzlich.

Belgütai blinzelte überrascht. »Du hast meinen Bruder getötet, und wir sollen nun Freunde werden?«

»Das eine hat mit dem anderen nichts zu tun«, erklärte Temudschin. »Wehrst du dich nicht auch, wenn du angegriffen wirst? Daß Bekter meine Feindschaft herausforderte, ist schrecklich. Aber mußt deshalb auch du mein Feind sein?«

Belgütai spürte, daß Temudschin es aufrichtig mit ihm meinte. Und je länger er darüber nachdachte, desto klarer wurde ihm, daß Temudschin wirklich keine andere Wahl gehabt hatte. Bekter hatte wirklich mit allen Mitteln versucht, ihn in den Staub zu zwingen. Er hatte herausgefordert, was dann geschehen war.

»Ich war nie dein Feind, Temudschin«, sagte er schließlich zögernd.

»Und ich nicht deiner, Belgütai. Wir müssen zusammenstehen und einig sein. Versuche zu verstehen – und nimm meinen Bogen als Versöhnungsgeschenk. Er ist ein Geschenk Dai-Setchens, und niemandem sonst würde ich ihn geben. Doch du sollst ihn haben!«

Belgütai nahm den kostbaren Bogen, den Temudschin ihm reichte, und blickte ungläubig drein. »Und was ist, wenn ich dich jetzt töte?« fragte er unvermittelt und richtete den Bogen mit der schnell gespannten Sehne auf ihn.

Temudschin zeigte kein Erschrecken. Im Gegenteil, er lächelte auf einmal. »Das wirst du nicht tun, Belgütai. Denn du weißt, daß ich nicht aus reiner Mordlust getötet habe. Und du weißt auch, daß wir einander brauchen.«

Da senkte Belgütai Pfeil und Bogen.

13

Die Nachricht von Temudschins grausamer Tat verbreitete sich rasch in der Steppe.

»Was, diese Brut lebt noch immer?« rief Targhutai, als er vom Brudermord erfuhr. Er hatte nicht damit gerechnet, daß Ölün-eke mit ihren Kindern den strengen Winter überleben würde. Und das, was er nun vernahm, gefiel ihm gar nicht. Temudschins Zähigkeit und Durchsetzungsvermögen machten ihn nachdenklich. Noch stellte er keine Gefahr dar. Er war ein Jüngling ohne Macht und Gefolgschaft. Aber solange er lebte, blieb unvergessen, daß er Anspruch auf die Nachfolge Jesügeis erhob. Und das konnte in späteren Jahren zu Konflikten führen. Es war daher besser, das Problem schon jetzt aus der Welt zu schaffen. Noch war Temudschin nichts weiter als ein lästiges Insekt im Fell eines Raubtieres. In ein paar Jahren dagegen konnte es sich zu einer ernsthaften Bedrohung entwickeln. Dem mußte man vorbeugen.

»Die böse Brut ist flügge geworden«, murmelte Targhutai. »Die Kleinen, die noch sabberten, sind groß geworden.«

Targhutai rief die Edlen des Stammes zu einer Beratung zusammen und legte ihnen seine Bedenken dar. »Wir müssen Temudschin ausschalten, solange dazu noch Zeit ist. Doch ich will ihn lebend!« Es nutzte nichts, ihn umzubringen. Womöglich würde dann ein anderer seines Klans Anspruch auf die Führerschaft erheben. Es war besser, Temudschin zu fangen und als Sklave und Geisel zu halten.

Die Taigighut hatten gegen eine kleine Hatz nichts einzuwenden. Die Sache versprach ein großes Vergnügen zu werden. Und so beschloß die Versammlung einstimmig, Targhutais Vorschlag in die Tat umzusetzen. Mit nur ein paar Dutzend Kriegern brach Targhutai am nächsten Morgen auf, um das kleine Lager Temudschins am Onon zu überfallen.

Es war Belgütai, der die Reiterschar früh genug bemerkte. Auf der Suche nach zwei entlaufenen Lämmern hatte er sich ein gutes Stück vom Lager entfernt. Und nun sah er die Krieger herangaloppieren.

So schnell er vermochte, jagte er zurück. Und schon von weitem warnte er seine Familie. »Die Taigighut!« schrie er. »Targhutai kommt mit seinen Kriegern!«

Es blieb keine Zeit mehr, die Herden von der Weide zu holen. Nur mit dem Nötigsten, was sie in wenigen Augenblikken zusammenpacken konnten, flüchteten sie in den dichten Wald.

»Wir müssen eine Verschanzung bauen, wenn wir gegen ihre Übermacht bestehen wollen!« befahl Temudschin, und alle fügten sich seinen Worten. Es gab niemanden mehr, der ihm die Führerschaft streitig machte.

Die drei Brüder bauten einen Verhau aus Gestrüpp und gefällten Bäumen. Sie wußten, daß sie der feindlichen Reiterschar nicht gewachsen waren. Sie würden Targhutai und seine Männer höchstens ein wenig aufhalten. Das war auch alles, was sie auszurichten vermochten. Aber dennoch, kampflos wollten sie nicht aufgeben. Sie würden ihr Leben bitter verteidigen!

Ein Pfeil zischte nur eine Handbreit an Targhutais Gesicht vorbei, als er sich mit seinen Reitern dem Dickicht näherte, wo sich Temudschin mit seinen Leuten verschanzt hatte. Sofort ließ er seine Krieger ausschwärmen, und ein Pfeilhagel traf den Verhau.

Qasar, Temudschin und Belgütai wehrten sich tapfer ihrer Haut. Und es waren immer wieder Pfeile von Qasars Bogen, die allzu vorwitzige Taigighut-Krieger daran hinderten, die Barrikade zu überwinden. Niemand wollte wegen eines Kindes, das ihnen ja doch nicht entkommen konnte, sein Leben riskieren.

»Wir wollen nur Temudschin haben!« schrie Targhutai ihnen zu, als er des Pfeilgefechtes langsam müde wurde. »Keinem von euch geschieht etwas. Ihr habt mein Wort...«

»Das Wort eines Verräters!« zischte Ölün-eke.

»Schickt ihn her, und euch wird kein Haar gekrümmt!« forderte Targhutai sie auf.

Temudschin erhob sich. »Sie wollen nur mich. Weshalb sollte ich da euer Leben aufs Spiel setzen. Ich werde zu Targhutai gehen.«

»Das kommt gar nicht in Frage!« empörte sich Qasar.

»Keine Angst, er wird mich nicht töten«, sagte Temudschin, der Targhutais Plan durchschaute. »Lebend bin ich ihm mehr wert.«

»Er bekommt dich nicht!« erwiderte Ölün-eke energisch. »Weder lebend noch tot. Nimm das Pferd und flüchte, Temudschin. Wir lenken sie einen Augenblick ab, damit du einen Vorsprung gewinnst!«

»Das kann ich nicht!«

»Du mußt!«

»Wenn Targhutai zu seinem Wort steht, wird uns nichts passieren«, bedrängte Qasar ihn. »Doch wenn er es bricht, bleibt wenigstens einer von uns übrig, um an ihm Rache zu nehmen!«

»Qasar hat völlig recht. Du mußt versuchen zu flüchten, Temudschin. Oder willst du dich wirklich freiwillig in Targhutais Verräterhände begeben?« herrschte Belgütai ihn an.

»Nun gut, ich werde es versuchen«, sagte Temudschin, nahm das Pferd beim Zügel und führte es von der Verschanzung fort, während seine Brüder Targhutai und seine Krieger wieder mit ihren Pfeilen unter Beschuß nahmen. Dann schwang er sich in den Sattel und galoppierte davon. Er brauchte nicht lange zu überlegen, wohin er sich zu wenden hatte. Die Höhlen und unwegsamen Schluchten der angrenzenden Berge waren ein ideales Versteck.

Als die Taigighut Temudschins Flucht bemerkten, stellten sie augenblicklich das Pfeilgefecht ein und nahmen die Verfolgung auf.

Das Gelände wurde bald so unwegsam, daß sie ihm zu Pferde nicht mehr zu folgen vermochten. Temudschin hastete durch das Dickicht und zerrte das Pferd hinter sich her, während Zweige sein Gesicht peitschten. Hinter sich hörte er die anfeuernden Rufe der Taigighut, die durch das Gebüsch brachen. Immer tiefer flüchtete er in eine dichtbewaldete Schlucht, deren Höhlen und Felsspalten ihm Schutz vor seinen Verfolgern boten.

Targhutai erkannte, daß es sinnlos war, Temudschin in dieser Wildnis aufzustöbern. Deshalb rief er seine Männer zurück und befahl, die Schlucht kurzerhand zu umstellen. Temudschin saß in der Falle. Früher oder später mußte er da herauskommen.

»Wir haben Zeit!« schrie er höhnisch in die Schlucht. »Versteck du dich nur, Temudschin! Wir nähren uns unterdessen von deinen Lämmern!«

Als die Nacht hereinbrach, wagte sich Temudschin aus seinem Versteck. Rund um die Schlucht brannten große Lagerfeuer. Der helle Flammenschein machte jeden Versuch, im Schutz der Dunkelheit auszubrechen, von vornherein zunichte.

Drei Tage und Nächte vergingen. Temudschin hatte gehofft, Targhutai würde des Wartens müde werden und mit seinen Männern abziehen. Doch das stellte sich als Irrtum heraus. Targhutai wartete geduldig, ließ Temudschins Lämmer von der Weide treiben und schlachten und wußte, daß die Zeit für ihn arbeitete.

Auch Temudschin wußte das. Sein Hunger wurde von Tag zu Tag quälender. Er hatte zwar eine kleine Quelle gefunden, wo er seinen Durst stillen konnte. Doch die wenigen Waldbeeren und Nüsse, die seine einzige Nahrung bildeten, vermochten nicht, seinen immer stärker werdenden Hunger zu bändigen.

In der dritten Nacht beschloß er, den Ausbruch trotz Flammenschein und Wachen zu riskieren. Er nahm sein Pferd am Zügel – und plötzlich rutschte der Sattel herunter.

Temudschin stutzte und prüfte Gurte und Sattel. Brustriemen und Bauchgurt waren noch fest angeschnallt. Nur das Sattelblatt hatte sich gelöst. So etwas geschah nur einmal in tausend Fällen, wenn es hochkam. Und das gab ihm zu denken.

»Ob der Himmel mich warnen will?« fragte er sich und kam dann zu dem Schluß, daß dieser verrutschte Sattel wirklich als warnendes Omen zu werten war. Er gab deshalb seinen Plan für diese Nacht auf und blieb noch weitere drei Tage in der Schlucht.

In der sechsten Nacht machte er sich erneut bereit, den Ausbruch zu wagen. Doch als er zum Rand des Dickichts kam, lag dort ein gewaltiger weißer Felsbrocken, der erst vor kurzem herabgefallen war und nun den Ausgang blockierte.

Und wieder sagte er sich: »Der Himmel will mich warnen. Heute soll es nicht sein.« Er führte sein Pferd zurück und hielt sich weiterhin versteckt.

Hunger und Verzweiflung quälten ihn, wurden von Tag zu Tag stärker. Er fand kaum noch etwas zu essen. Gierig verschlang er Wurzeln, die er mit seinem Dolch aus der Erde grub. Doch er spürte, wie ihn allmählich die Kräfte verließen. Targhutai dachte nicht daran, seine Belagerung aufzugeben. Er hielt die Schlucht weiterhin umstellt und wartete. Die Taighut ließen es sich gutgehen. Und wenn der Wind den Duft gebratener Hammel zu ihm in die Schlucht trieb, krampfte sich Temudschins Magen zusammen, und ihm wurde schlecht vor Hunger.

Als der neunte Tag anbrach, wäre Temudschin in seinem

Versteck am liebsten liegengeblieben. Er mußte sich überwinden, um von seinem kläglichen Nachtlager in einer der Felshöhlen aufzustehen. Er spürte, wie seine Kräfte von Tag zu Tag dahinschwanden. Und ihm wurde klar, daß er mit dem Ausbruchsversuch nicht länger warten durfte. Sicherlich würde er noch viele Tage hier in der Schlucht überleben können. So schnell stirbt man nicht an Unterernährung, solange man nur genug Wasser hat. Aber war er erst völlig entkräftet, hatte er nicht die geringste Chance, den ausgeruhten Taigighut-Kriegern zu entkommen.

Diese Nacht würde er es versuchen. Und kein Omen sollte seinen Entschluß umstürzen!

Träge flossen die Stunden dahin. Temudschin wartete. Endlich legte sich die Dunkelheit über das Land. Die Schatten wurden in der Schlucht immer länger, bis die Finsternis den Wald zwischen den zerklüfteten Felswänden erfüllte.

Temudschin machte sich auf den Weg. Von den Lagerfeuern kam das kehlige Lachen der Taigighut, welche die Schalen mit berauschendem Kumyß kreisen ließen.

Mit seinem Messer bahnte Temudschin sich einen Weg durch das Dickicht. Immer näher kam er den Wachtposten, und immer vorsichtiger mußte er zu Werke gehen. Er wußte, daß das Glück ihm beistehen mußte, sollte seine Flucht gelingen. Eigentlich konnte er Targhutai kaum entkommen. Aber versuchen mußte er es dennoch. Weshalb sollte er dort in der Schlucht ruhmlos sterben? Es war besser und für einen Krieger angemessener, wenn er der Gefahr mutig ins Auge schaute.

Als er die Wachen mit bloßem Auge ausmachen konnte, verharrte er regungslos im pechschwarzen Schatten der Bäume. Eine Hand hatte er auf die Nüstern seines Pferdes gelegt. Wenn es ihn jetzt bloß nicht verriet!

Temudschin beobachtete den Wachtposten, der ganz in seiner Nähe auf und ab ging. Er überlegte, ob er ihn wohl überwältigen konnte. Doch dann verwarf er diesen Gedanken. Der Krieger wandte ihm das Gesicht zu und würde ihn bemerken, sobald er aus dem Schutz der Bäume trat. Ihn zu überraschen, war unmöglich.

Die Minuten verrannen. Temudschin wartete. Inständig bat er, der Posten möge sich ein wenig entfernen, ihm den Rücken zukehren, um ihm zumindest die Chance zur Flucht zu geben.

Auf einmal rief ein anderer Taigighut den Wachtposten in Temudschins Nähe an. Der Mann erwiderte etwas lachend und ging auf seinen Kameraden zu, der irgendwo weiter rechts stand. Er entfernte sich immer mehr von Temudschin.

Jetzt oder nie, durchzuckte es Temudschin.

Er trat unter den Bäumen hervor und schwang sich in den Sattel. Das Pferd schien von der Anspannung seines Herrn angesteckt worden zu sein, denn es tänzelte unruhig – und gab plötzlich ein Schnauben von sich.

Temudschin erschrak und wußte sofort, daß man in diesem Moment seine Flucht bemerken würde. In der Stille der Nacht klang jedes Geräusch lauter als am Tag. Und doch mußte er es versuchen. Er trieb den Hengst an und preschte los.

Aufgeregte Stimmen gellten durch die Nacht. Von allen Seiten kamen die Taigighut angerannt. Heller Fackelschein zerriß die samtene Schwärze der Nacht.

Temudschin beugte sich tief über den Hals des Pferdes, als er direkt vor sich ein halbes Dutzend Männer auftauchen sah. Und er sah auch die Fangseile in ihren Händen. Das erste zischte schon heran, verfehlte ihn jedoch um Handbreite, weil er sich geistesgegenwärtig zur Seite weggeduckt hatte.

Doch dann wickelte sich ein Fangseil um die Vorderhufe des Pferdes. Das Tier brach mit einem schrillen Wiehern vorn ein, und Temudschin wurde aus dem Sattel geschleudert.

Hart schlug er auf dem Boden auf. Daß er nicht sofort das Bewußtsein verlor, verdankte er der weichen moosigen Erde. Er ignorierte den Schmerz in seiner linken Schulter, sprang auf und rannte los.

Die Taigighuten lachten. Jetzt konnte er ihnen nicht mehr entkommen. Sie hatten ihm den Weg zurück in das undurchdringliche Dickicht der Schlucht abgeschnitten. Er war ihnen sicher.

Temudschin machte es ihnen jedoch nicht leicht. Den ersten Mann, der sich ihm in den Weg stellte, rannte er im wahrsten Sinne des Wortes um. Als der zweite ihn zu packen versuchte, rammte Temudschin ihm seinen Kopf in den Magen. Mit einem röchelnden Aufschrei ließ der Taigighut ihn los und taumelte zurück, während Temudschin weiterhastete.

Doch dann umringten ihn gleich vier Mann. Verbissen wehrte er sich gegen die Übermacht. Als er seinen Dolch aus der Scheide reißen wollte, stellte er fest, daß er das Messer wohl beim Sturz vom Pferd verloren hatte. So blieben ihm nur die Fäuste. Wild und mit aller Kraft, die ihm nach neun Tagen ohne rechte Nahrung geblieben war, schlug er um sich. Er teilte einige sehr schmerzhafte Hiebe aus. Doch dann packten sie ihn, drehten ihm die Arme auf den Rücken und fesselten ihn. Tränen der Wut standen in Temudschins Augen, als sie ihn abführten.

14

Targhutai schlürfte gerade genüßlich eine Schale Kumyß, als die Wachen ihren Gefangenen nicht eben sanft in das Zelt des Taigighut-Häuptlings stießen.

Targhutai machte mit der Linken eine einladende Geste, ohne dabei die Schale mit der gegorenen Stutenmilch abzusetzen. Er bedeutete Temudschin, näher zu treten. Doch dieser dachte nicht daran, irgendeinem Befehl oder Wunsch Targhutais zu folgen.

»Na komm, tritt näher!« knurrte der Taigighut-Führer, rülpste und wischte sich mit dem Handrücken über den Mund.

Einer der Wachen versetzte Temudschin einen derben Stoß in den Rücken, und er stolperte zwei Schritte auf Targhutai zu, der um einiges dicker und aufgeschwemmter geworden war, seit er ihn das letzte Mal gesehen hatte.

Targhutai musterte ihn mit einem schwer zu deutenden Lächeln, das Triumph, Hohn, aber auch Bewunderung für seinen ehemaligen Schüler ausdrücken konnte.

»Neun Tage und Nächte«, sagte er schließlich. »Das war nicht schlecht, Temudschin. Ich muß sagen, du bist ein echter Bordjigin.«

»Ich bin Temudschin, der Erstgeborene und Nachfolger Jesügei-Bagaturs!« erwiderte Temudschin stolz, obwohl er wußte, daß ihn seine Worte den Kopf kosten konnten.

Targhutais Lachen verschwand augenblicklich. »Du bist mein Gefangener und sonst gar nichts. Ich kann mit dir tun, was mir beliebt. Dein Leben liegt in meiner Hand, vergiß das nicht!«

Temudschin hielt dem drohenden Blick des Mannes, der früher einmal sein Lehrmeister und fast sein Freund gewesen war, stand. Er zuckte noch nicht einmal mit der Wimper, als er erwiderte: »Ich fürchte den Tod nicht!«

»Das tut kein Mongole!« fauchte Targhutai. »Aber du hältst mich doch wohl nicht für einfältig, oder? Ich denke gar nicht daran, dich zu töten, Temudschin. Dieses ehrenvolle Ende wird es für dich nicht geben...«

»Natürlich nicht«, sagte Temudschin. Er fühlte seinen Verdacht bestätigt und war innerlich doch erleichtert, daß er dem Tod nicht ins Auge zu schauen brauchte. »Mein Tod würde dir nichts nützen, Targhutai. Er würde dir eher schaden. Jeder kennt meine edle Herkunft. Und wenn du den erstgeborenen Sohn des Mannes tötest, dem du einst ewige Treue und Gefolgschaft geschworen hast...«

»Schweig!« herrschte Targhutai ihn zornig an, und die Adern schwollen an seiner Schläfe. »Du redest dich doch noch um deinen Kopf, Temudschin!«

»Das ist das einzige, was du mir noch nehmen kannst«, antwortete Temudschin. »Alles andere hast du uns ja schon geraubt.«

Targhutais Zorn verrauchte, und das heimtückische Lächeln trat wieder auf sein Gesicht. »Du bist schlau, Temudschin, und tapfer bist du auch. Aber viel wird dir das jetzt nicht nutzen. Ich bin nun der Anführer der Klans, und mit dieser Tatsache wirst du leben müssen – als mein Sklave!« Er ließ die Worte auf Temudschin wirken, doch dieser ließ sich keine Gefühlsregung anmerken.

»Es liegt jedoch ganz bei dir, ob du für immer ein Dasein als Sklave fristen möchtest«, fuhr Targhutai ruhig fort. »Ich werde meine Zelte hier am Onon aufschlagen, und die Deinen können geachtet in meinem Ordu leben, wenn du nur vernünftig bist.«

»Und was ist der Preis, den ich dafür zahlen muß?« fragte Temudschin.

»Daß du deinen Anspruch aufgibst und mir treue Gefolgschaft schwörst«, sagte Targhutai. »Und damit gibst du nichts auf, was du nicht schon längst verloren hättest. Du erkennst einfach nur die Tatsachen an.«

Temudschin wußte, daß es viele vom Stamm der Bordjigin gab, die noch immer ihn, Temudschin, als den rechtmäßigen Nachfolger Jesügei-Bagaturs betrachteten, sich Targhutais Druck jedoch nicht hatten widersetzen können, solange er,

Temudschin, ein Kind und nicht in der Lage war, seinen Anspruch geltend zu machen. Doch er wußte, daß sich das mit den Jahren ändern würde. Schwor er jetzt Targhutai ewige Treue und Gefolgschaft, verzichtete er damit für immer auf das Recht des Erstgeborenen und legitimierte Targhutais Verrat.

»Niemals könnte ich einem Verräter Gefolgschaft leisten!« antwortete Temudschin schließlich.

Das Blut schoß dem Taigighut-Häuptling ins Gesicht. Er sprang auf, beherrschte sich jedoch im letzten Augenblick und ließ die schon erhobene Hand wieder sinken.

»Du nennst mich einen Verräter?« zischte Targhutai erbost. »Du, der du deinen eigenen Bruder hinterrücks ermordet hast?«

»Bekter war zu einem Feind der Familie geworden!« verteidigte sich Temudschin mit fester Stimme. Er stand zu dem, was er getan hatte.

Targhutai sah ihn mit zusammengekniffenen Augen an, und in seinem Gesicht zuckte es. Am liebsten hätte er ihn auf der Stelle töten lassen, doch sein Verstand verbot ihm das. Er hätte dann die ganze Familie umbringen lassen müssen – und damit sicherlich die Empörung vieler Bordjiginsippen erregt. Es war klüger, ihn als Sklave und Geisel zu behalten. Und was seinen Stolz und Trotz betraf, so würde er ihm das schon austreiben.

»Du wirst schon zur Einsicht gelangen, daß dir deine edle Herkunft die Gefangenschaft nicht leichter macht«, sagte Targhutai spöttisch. »Schließt ihn in den Kang!« rief er den

Wachen zu. »Und wählt als Wache einen Knaben aus. Ein erwachsener Krieger wäre zuviel Ehre für ihn.«

Die Männer im Zelt lachten begeistert über den Einfall ihres Häuptlings. Ein Knabe als Aufpasser für Temudschin, das würde seinen Stolz und Übermut dämpfen.

Temudschin preßte die Lippen fest aufeinander. Der Kang, das hölzerne Joch, war eine schlimme Demütigung. Aber fast schlimmer noch war, daß Targhutai ihn nicht für wert hielt, von einem Mann bewacht zu werden.

»Die Mittel eines Verräters!« stieß er voller Haß hervor.

»Schafft ihn raus!« befahl Targhutai.

Die Wachen zerrten Temudschin aus dem Zelt und schlossen ihn in den Kang. Sie legten ihm das schwere Holzbrett, das eine größere Öffnung für den Hals und an den beiden Enden jeweils eine kleine für die Handgelenke hatte, auf den Nacken und schlossen ihn darin ein.

Es war ein grausames Folterinstrument, bei dem sich die Schmerzen erst mit der Zeit einstellten. Nach wenigen Stunden im Kang begannen Hände, Nacken und Schultern zu schmerzen.

Temudschin mußte den Kang Tag und Nacht tragen. Doch obwohl die Schmerzen immer ärger wurden, kroch er nicht zu Kreuze. Er dachte nicht daran, dem Verräter ewige Gefolgschaft zu schwören. Eher wollte er sterben.

Targhutai wußte sehr wohl, wie grausam es von ihm war, Temudschin den Kang tragen zu lassen. Und er vermutete, daß einige seiner Männer Mitleid mit dem Jungen hatten, der sich als tapfer und unbestechlich erwiesen hatte. So etwas fand bei ihnen Anerkennung, auch wenn es sich dabei um einen feindlichen Krieger handelte. Und Temudschin war immerhin noch ein Bordjigin und zudem von edler Herkunft, so sehr Targhutai das auch zu ignorieren versuchte.

Er befahl deshalb, daß Temudschin jede Nacht in einem anderen Zelt verbrachte. So wollte er vermeiden, daß sich Temudschin das Mitleid irgendeines Stammesangehörigen zunutze machen konnte.

Während Temudschin die Schmerzen nun mannhaft zu ertragen versuchte, ließ Targhutai alle Klans und Stämme zum Onon kommen und hier ihre Zelte aufrichten.

Am sechzehnten Tag des ersten Sommermonats hatte Targhutai seine mächtige Gefolgschaft am Onon versammelt, und man feierte das Fest der Roten Scheibe. Die Schamanen vollzogen am Tag ihre Riten, und dann begann das Gelage, das sich weit über den Einbruch der Dunkelheit hinaus hinzog.

An diesem Abend oblag die Bewachung Temudschins einem jungen Burschen, der offensichtlich stolz darauf war, daß man ihm diese verantwortungsreiche Aufgabe übertragen hatte. Nur die Tatsache, daß er wegen seines Wachdienstes nicht am Gelage teilnehmen konnte, trübte seine Freude etwas. Immer wieder trat er vor das Zelt und hoffte, daß ihm jemand doch auch etwas von den herrlich duftenden Lammkeulen und dem schäumenden Kumyß bringen möge.

Temudschin hockte mit halbgeschlossenen Augen im Zelt. Er schien sich für nichts zu interessieren, was um ihn herum geschah. Es hatte den Anschein, als versuchte er einzig und allein, den Kang so zu halten, daß er ihm möglichst wenig Schmerzen bereitete.

Doch das war ein Irrtum. Seit Targhutai ihn in das grausame Joch hatte schließen lassen, hatte er die Hoffnung auf Flucht nicht aufgegeben. Und er beobachtete seine Umgebung und die Wachen ununterbrochen, immer auf der Suche nach einer günstigen Gelegenheit.

Und so ließ er auch in dieser Nacht seinen Bewacher nicht eine Sekunde aus den Augen, obwohl dieser nicht das geringste davon merkte. Der Junge hielt Temudschin für ungefährlich, gebrochen in seinem Stolz und seiner Zuversicht. Und seine Aufmerksamkeit ließ immer mehr nach.

Als lautes Gelächter zu ihnen ins Zelt herüberdrang, drehte er sich um und trat auf den Ausgang zu, um nachzusehen, was sich draußen tat.

Er wandte Temudschin den Rücken zu.

Dies war die Gelegenheit, auf die Temudschin all die Tage und Nächte sehnsüchtig gewartet hatte. Lautlos erhob er sich, trat hinter seinen Bewacher und holte mit dem Kang – so fest er konnte – aus.

Der Junge bemerkte die Bewegung in seinem Rücken, ahnte die Gefahr, in der er schwebte, und wollte herumfahren. Doch dafür war es schon zu spät. Als er sich seines Fehlers bewußt wurde, traf ihn der Kang auch schon am Kopf und schleuderte ihn bewußtlos zu Boden.

Mit jagendem Puls schob Temudschin mit einem Jochende die Filzdecke vor dem Eingang vorsichtig zurück und spähte hinaus. Ausgestorben lag die Zeltgasse vor ihm. Das ausgelassene Gelächter der trunkenen Taigighut-Krieger kam von dem freien Platz vor dem Häuptlingszelt. Dort nahm das Gelage seinen Gang.

Temudschin horchte noch einen Augenblick und schlüpfte dann aus dem Zelt, rannte so schnell er konnte vom Zentrum des Lagers weg. Jeden Augenblick rechnete er damit, daß sich ihm irgend jemand in den Weg stellte oder das Lager alarmierte. Doch alles blieb ruhig. Niemand bemerkte seine Flucht. Und dann hatte er endlich den äußeren Ring des Zeltlagers erreicht. Mit dem schweren Joch auf den Schultern kämpfte er sich durch das dichte Gebüsch hinunter zum Onon-Fluß. Mit dem Kang würde er nicht weit kommen. Er mußte sich also verstecken. Ein Segen, daß Targhutai sein Ordu hier am Onon aufgeschlagen hatte. Die Ufer des Flusses waren ihm von Kindesbeinen an vertraut.

Zielstrebig eilte er auf eine Flußbiegung zu, watete eine Strecke im Wasser flußabwärts und kam dann zu der seichten, schilfbestandenen Biegung. Als er den halbvermoderten Baumstamm mit dem Wurzelwerk zwischen dem hohen Schilf am Ufer erblickte, lächelte Temudschin zufrieden. Die mächtigen Wurzeln und das dichte Schilf würden ihm guten Schutz bieten.

Temudschin legte sich nun flach ins Wasser und ließ nur Mund und Nase unbedeckt. Der hölzerne Kang schwamm auf der Oberfläche, und Temudschin schob ihn so gut es ging in das Wurzelwerk des Baumes.

Nun hieß es warten und hoffen.

15

Der Mond ging auf und warf einen silbrigen Schein auf den Fluß. Angespannt wartete Temudschin darauf, daß man seine Flucht bemerkte und die Suche nach ihm aufnahm. Mit dem Kang hatte er sicherlich eine deutliche Fährte hinterlassen, der gut zu folgen war.

Doch es dauerte eine geraume Weile, bis im Lager Alarm gegeben wurde. Temudschin war fast erleichtert, als er das wütende Geschrei der trunkenen Männer hörte. Und er konnte sogar Targhutais Stimme aus dem allgemeinen Gebrüll heraushören. Der Taigighut-Häuptling tobte vor Wut und befahl, das Fest augenblicklich abzubrechen und nach dem Entlaufenen zu suchen.

Obwohl die nasse Kälte langsam in seine Glieder kroch, lächelte Temudschin. Was immer auch geschehen mochte, das Fest hatte er ihnen gründlich verdorben. Und zudem hatte er bewiesen, daß Targhutai ein Fehler unterlaufen war, als er den Befehl gegeben hatte, Temudschin ausschließlich von Jünglingen bewachen zu lassen.

Kurz darauf erreichte Targhutai mit seinen Leuten das Ufer. Sie hatten der Spur, die Temudschin mit seinem unförmigen Kang im Gebüsch hinterlassen hatte, in der mondhellen Nacht ohne Schwierigkeiten folgen können.

An der Stelle, an der Temudschin ins Wasser gegangen und ein gutes Stück im Fluß aufwärts gewatet war, endete die Fährte.

»Er ist zum anderen Ufer hinübergeschwommen!« rief einer der Männer ärgerlich.

»Unsinn!« widersprach Targhutai heftig. »Keiner durchschwimmt den Onon mit einem Kang um den Hals! Temudschin befindet sich noch irgendwo hier an diesem Ufer. Sucht den Fluß ab. Freie Wahl unter meinen edelsten Pferden für denjenigen, der Temudschin einfängt!«

Das spornte die vom Kumyß berauschten Männer an, und sie sprengten, in kleine Gruppen aufgeteilt, davon, um das Ufer systematisch abzusuchen.

Temudschin hatte gehört, was Targhutai gesagt hatte. Und als er Pferdehufe hörte, die flußaufwärts kamen und sich seinem Versteck immer mehr näherten, versuchte er noch tiefer ins Wasser zu gleiten. Doch das schwere hölzerne Joch verhinderte das.

Es waren drei Reiter. Sie trieben ihre Pferde ins seichte Wasser und stocherten mit ihren Lanzen durch das Schilf. Temudschin hielt vor Schreck den Atem an, als ein Reiter direkt auf ihn zukam. Er sah die Lanzenspitze im Mondlicht aufblitzen, als der Mann die Lanze hob und dann genau neben seinem Kopf ins Wasser stieß.

Temudschin wollte schon aufspringen. Doch in dem Augenblick zischte der Reiter: »Sei still und bleib so liegen!« Und seinen Gefährten rief er verdrossen zu: »Hier ist niemand. Laßt es uns weiter oben versuchen!«

Als dieser Reiter sein Gesicht von Temudschin abwandte, erkannte dieser seinen Retter. Es war Sorqan-chira, der ihn entdeckt, aber nicht verraten hatte.

Die drei Reiter entfernten sich, und Temudschin schloß erleichtert die Augen. Sorqan-chira kehrte kurz darauf noch einmal zu ihm zurück.

»Eben weil du so listig bist, Feuer in deinen Augen und Glanz auf deinem Gesicht hast, stellt dir Targhutai nach. Bleib so still liegen. Ich werde nichts weitersagen. Aber noch ist die Suche nicht vorbei. Doch ich werde alles versuchen, um die anderen von dieser Stelle fernzuhalten«, flüsterte er und entfernte sich dann schnell wieder.

Temudschin konnte Hoffnung schöpfen. Wie Sorqan-chira vorausgesagt hatte, dauerte die Suche noch mehrere Stunden. Und mehr als einmal drohte er entdeckt zu werden. Doch Sorqan-chira verstand es geschickt, die Männer stets von dem Versteck wegzulocken.

Der Mond verblaßte allmählich, und Targhutais Leute wurden der ergebnislosen Suche überdrüssig. Der Kumyß steckte ihnen im Körper, und sie waren nicht gewillt, sich die Nacht um die Ohren zu schlagen, um einen entlaufenen Gefangenen wieder einzufangen, der sowieso nicht weit kommen würde.

»Warum setzen wir nicht morgen am hellichten Tag die Suche fort?« schlug Sorqan-chira vor und sprach damit allen aus der Seele. »Wie sollen wir ihn jetzt in dunkler Nacht finden? Wohin kann ein Mann mit einem Kang schon gehen?!«

Widerwillig und mit grimmiger Stimme gab Targhutai den Befehl, die Suche einzustellen und zum Lager zurückzukehren. Temudschins Flucht empfand er als persönliche Schmach. Er mußte ihn unbedingt wieder in seine Gewalt bekommen. Temudschin konnte gefährlich werden. Diese neun Tage in der felsigen Schlucht und die gelungene Flucht in dieser Nacht hatten dem Jungen sogar bei seinen Anhängern heimliche Bewunderung und Anerkennung eingebracht. So etwas durfte sich auf keinen Fall wiederholen. Vielleicht war es doch klüger, ihn und seine Familie töten zu lassen...

Temudschin wartete, bis sich die Taigighut wieder ins Lager begeben hatten und es wieder still am Ufer des Onon war. Dann richtete er sich mit einem unterdrückten Stöhnen auf. Erst jetzt, wo die ungeheure nervliche Anspannung nachließ, spürte er die Kälte und die Schmerzen. Er taumelte ans Ufer und ließ sich in das von den Pferdehufen niedergetrampelte Gras fallen, streckte sich und blieb einige Minuten ruhig liegen.

Was sollte nun geschehen? Sorqan-chira hatte ihn vor der Entdeckung bewahrt. Aber das bedeutete nicht viel. Mit dem Kang um den Hals würde er nicht weit kommen. Er gab sich keinen Illusionen hin: Man würde ihn morgen bei Tageslicht einfangen, wenn es ihm bis dahin nicht gelang, das schwere Joch loszuwerden.

Doch wer sollte ihm helfen?

Es kam nur ein einziger in Frage – Sorqan-chira. Zwar war auch er Targhutai gefolgt, als der Streit um die Nachfolge Jesügeis entfacht war, doch sicherlich hatte er die Jahre im Ordu seines Vaters nicht vergessen. Sorqan-chira war ihm immer ein guter Freund gewesen, auf den er sich hatte verlassen können. Obwohl er Targhutai Gefolgschaft leistete, hielt er wohl doch ihn, Temudschin, für den rechtmäßigen Nachfolger Jesügei-Bagaturs. Sonst hätte er ihn in dieser Nacht doch bestimmt an Targhutai verraten. Sorqan-chira mußte ihm helfen!

Temudschin erinnerte sich daran, daß Sorqan-chiras Zelt mit denen des Suldus-Klans ein wenig abseits von den anderen Zelten stand. Und es fiel ihm auch ein, daß sein Retter häufiger als alle anderen im Zeltlager Kumyß schlagen ließ. Oftmals sogar bis in die späte Nacht. Wenn er Glück hatte, brauchte er nur dem rhythmischen Geräusch der Kumyßschläger zu folgen, um zu Sorqan-chiras Zelt zu gelangen.

Und er hatte Glück. Als er sich im Schutz der tiefen Dunkelheit dem Zeltlager näherte, hörte er das gleichmäßige Geräusch, das ihm den Weg wies. Er konnte sicher sein, daß es keiner der Taigighut war, der da jetzt noch Kumyß schlug. Nach ihrem Gelage und der ergebnislosen Suche dachte wohl keiner von ihnen daran, jetzt einer solchen Tätigkeit nachzugehen.

Vorsichtig schlich Temudschin näher. Als er Sorqan-chiras Zelt erblickte, stellten sich plötzlich Zweifel bei ihm ein, ob er ihm auch helfen würde. Aber nun war es zu spät für derartige Zweifel. Er mußte es wagen. Es war seine einzige Chance.

Beherzt schlug er die Decke vor dem Eingang mit dem Jochende zur Seite und trat hastig ins Zelt, in dessen Mitte ein Feuer brannte. Der Flammenschein erhellte die Gesichter der drei Männer, die um das Feuer saßen. Sorqan-chira und seine beiden Söhne.

Ungläubiges Erstaunen zeigte sich auf dem Gesicht des

Suldus-Anführers. Und dann flackerte Erschrecken in seinen Augen auf.

Temudschin in seinem Zelt!

16

Schwer atmend, mit nassen Kleidern und zahlreichen blutigen Kratzern im Gesicht stand Temudschin im Zelteingang. Sein linkes Jochende hatte sich irgendwo verhakt, und er versuchte verzweifelt, es loszubekommen.

Die beiden Söhne sprangen, kaum daß sie ihre Überraschung überwunden hatten, auf und zerrten ihn ins Zelt. Schnell schlossen sie den Eingang wieder. Und noch immer hatte keiner ein Wort gesagt.

»Warum bist du hergekommen?« stieß Sorqan-chira schließlich erschrocken hervor.

Bevor Temudschin etwas erwidern konnte, wandte sich der älteste Sohn an seinen Vater und sagte vorwurfsvoll: »Einen Vogel, der im Käfig saß und in den Busch geflüchtet ist, schützt der Busch. Wie kannst du so zu ihm sprechen, wo er jetzt zu uns gekommen ist?«

»Du bringst uns alle in Gefahr!« seufzte Sorqan-chira und wußte doch, daß er nun nicht umhin kam, Temudschin zu helfen.

»Wenn du mein Versteck sogleich an Targhutai verraten hättest, hättest du die Sorge jetzt nicht«, antwortete Temudschin. »Ich brauche deine Hilfe, Sorqan-chira, und du kannst sie mir nicht verweigern.«

»Nein, dafür werden wir schon sorgen«, bekräftigten die beiden ihre Entschlossenheit, ihm zur Flucht zu verhelfen.

Sorqan-chira fuhr sich mit der Hand durch das schüttere Haar. »Du bist schlau, Temudschin. Du weißt ganz genau, daß ich dich nicht aus meinem Zelt weisen kann«, gab er mit anerkennendem Lächeln zu. »Liefere ich dich an Targhutai aus, erfährt er von dir, daß ich dein Versteck unten am Fluß vor ihm verborgen gehalten habe. Du bist ganz der Sohn deines Vaters. Jesügei wäre stolz auf dich gewesen. Targhutai ist außer sich vor Wut – und mich hat das Schicksal dazu ausersehen, dich vor ihm zu schützen. Erfährt er davon, wird er meine ganze Sippe auslöschen und von meinen Zelten nur noch Asche übrig lassen. Mein Name wird für alle Ewigkeit ausgelöscht sein ...«

»Niemand wird erfahren, wie ich ihm entkommen bin, wenn wir es nur geschickt anstellen«, entgegnete Temudschin. »Und sollte man mich dennoch wieder gefangennehmen, werde ich keinen von euch verraten. Ihr habt mein Wort.«

Sorqan-chira lachte bitter auf. »Solange du dich hier in meinem Zelt aufhältst, benötigt Targhutai keine langen Erklärungen.«

»Anstatt zu reden sollten wir alle Spuren, die auf Temudschins Hiersein hinweisen könnten, verwischen«, schlug Sorqan-chiras ältester Sohn ungeduldig vor. »Tun wir, was getan werden muß!«

Sein Bruder stimmte ihm zu und bat Temudschin mit einem vielsagenden Blick um Entschuldigung, daß ihr Vater so wenig Entschlußkraft zeigte. Sie hatten sich Targhutais Machtanspruch nur widerwillig gefügt, weil der Suldus-Klan nun mal klein war und sich gegen die Taigighut nicht aufzulehnen vermochte. Doch ihre Sympathie galt Temudschin.

»Nehmt mir zuerst einmal den verfluchten Kang ab«, bat Temudschin mit schmerzverzerrtem Gesicht. »Ich habe dieses Folterinstrument lange genug getragen.«

Sorqan-chira war auf einmal wie umgewandelt. »Holt die Werkzeuge her. Und eine Axt. Schürt das Feuer. Wir werden die einzelnen Teile des Kangs verbrennen müssen«, wies er seine Söhne mit leiser, aber fester Stimme an. Nun, wo er eine Entscheidung getroffen hatte, ging er zielstrebig und entschlossen vor.

Temudschin legte sich auf den Boden, und dann sprengte Sorqan-chira mit der Axt den Kang. Seine Söhne machten sich sofort an die Arbeit, das Joch in kleine Stücke zu schlagen, die sie sofort ins Feuer warfen.

Es war eine Erlösung, von dem schweren Holzjoch befreit zu sein. Temudschin massierte sich die tauben Handgelenke und rollte die Schultern, um die Muskelverspannungen zu lockern.

»Bringt trockene Kleider!« befahl Sorqan-chira. »Du mußt dich umziehen, sonst holst du dir den Tod, Temudschin. Leg die nassen Sachen ab!«

Temudschin tat nichts lieber als das. Er rieb sich trocken und zog ein leichtes Gewand an, das einer der Söhne bereitgelegt hatte. Dann reichte man ihm eine heiße Suppe und gab ihm zu trinken. Er fühlte sich wie neugeboren.

»Du kannst diese Nacht hier bei uns im Zelt schlafen«, sagte Sorqan-chira, nachdem Temudschin seinen Hunger und Durst gestillt hatte. »Doch bevor es hell wird, mußt du dich in dem Karren, der hinter dem Zelt steht, verstecken. Er ist bis obenhin mit Wolle beladen. Es wird kein angenehmes Versteck sein, aber das ist die einzige Möglichkeit, dich vor den Augen der Taigighut zu verbergen. Womöglich beschließt Targhutai, alle Zelte zu durchsuchen, wenn er von dir nirgends eine Spur entdeckt.«

»Wie lange werde ich bleiben müssen?«

Sorqan-chira zuckte mit den Achseln. »Ein paar Tage. Bis die Aufmerksamkeit der Taigighut nachgelassen hat und wir es wagen können, dich aus dem Lager zu bringen.«

»Gut.« Temudschin war mit allem einverstanden, solange er Targhutai nur entkam.

Der Taigighut-Häuptling ließ die Suche nach Temudschin am nächsten Morgen mit verstärktem Einsatz fortsetzen. Es wurden beide Flußufer abgesucht und Reiter ausgeschickt, die in der weiteren Umgebung nach Spuren von ihm suchen sollten.

Doch die Suche blieb verständlicherweise ergebnislos. Temudschin schien wie vom Erdboden verschluckt zu sein. Doch Targhutai konnte einfach nicht glauben, daß Temudschin die Flucht mit dem beschwerlichen und sperrigen Kang auf den Schultern gelungen sein sollte. Und er grübelte darüber nach, wohin er sich wohl begeben haben mochte.

Die Bemerkungen einiger Leute im Lager, die sich bewundernd über Temudschins Listenreichtum und Kühnheit ausließen, gaben Targhutai zu denken. Und er kam zu dem Schluß, daß irgendwer im Ordu Temudschin versteckt halten mußte. Das war die einzige vernünftige Erklärung für sein spurloses Untertauchen.

Targhutai gab deshalb am nächsten Tag den Befehl, jedes Zelt gründlich zu durchsuchen. Es war gegen Mittag, als die Taigighut zu Sorqan-chiras Zelt kamen. Sie sahen gründlich nach, ohne jedoch eine Spur von dem Entflohenen zu entdecken.

Und dann bemerkten sie den Karren hinter der Jurte, der bis hoch über die Wände mit Wolle beladen war. Sofort kletterte einer der Männer auf den Wagen und begann damit, die dichte Wolle herauszuzerren.

Sorqan-chira beherrschte seine aufsteigende Angst und sagte belustigt und leichthin: »Was sucht ihr da nach dem Entflohenen? Wie könnte es jemand bei dieser Hitze unter der Wolle aushalten?«

Der Taigighut hielt inne. Der Schweiß stand ihm auf der Stirn. Einen Augenblick starrte er auf die warme Wolle in seinen Händen. Dann nickte er. »Du hast recht, Sorqan-chira. Kein vernünftiger Mensch würde sich einen Karren Wolle als Versteck aussuchen.«

Und damit zogen die Männer zum nächsten Zelt weiter. Temudschin war gerettet. Es war unerträglich heiß unter dem Berg Wolle. Hier auszuharren war eine noch größere Qual, als den schweren Kang zu tragen.

»Fast hättest du mich als Asche in alle Winde wehen lassen«, hörte Temudschin Sorqan-chira neben der Karrenwand leise flüstern. »Bleibe in deinem Versteck und warte, bis ich dir sage, daß du herauskommen kannst. Noch ist die Gefahr nicht gebannt.«

Dann kehrte er ins Zelt zurück und bereitete zusammen mit seinen Söhnen alles vor, was nötig war, um Temudschin zur Flucht aus dem Lager und dem Machtbereich Targhutais zu verhelfen.

Sie kochten ein Lamm, zerlegten es in Stücke und füllten zwei Schläuche mit Pferdemilch. Dann legten sie Pfeile und Bogen bereit. Als all das erledigt war, führte Sorqan-chiras ältester Sohn eine strohgelbe Stute mit einem weißen Maul aus dem Zeltlager und pflockte sie an einer von Büschen gut geschützten Stelle, wo sie so schnell niemand entdecken konnte, an.

Als die Dunkelheit hereinbrach, machte sich Temudschin zum Aufbruch bereit. Er bedankte sich bei Sorqan-chira für dessen Hilfe.

Der Alte verzog das Gesicht zu einer grimmigen Miene. »Der Himmelsgott hat es wohl so gewollt, daß ich dir in der Stunde deiner größten Not beistehe. Die Schamanen hatten wahrlich recht: Eines Tages wirst du ein großer Krieger sein, Temudschin. Doch hüte dich vor Targhutai und gib acht, daß du diesen Tag auch noch erlebst.«

»Eines Tages werde ich mich für seinen Verrat rächen!« versicherte Temudschin.

Sorqan-chira sah ihn forschend an und nickte dann

schwer. »Ich glaube es dir. Aber vergiß dann nicht, wer dir beigestanden hat, als das Feuer in deinen Augen deine einzige Waffe war und das Joch dich niederdrückte.«

»Keine Sorge, das vergesse ich nicht«, sagte Temudschin und bedankte sich auch bei den Söhnen. »Eines Tages werde ich tapfere Männer wie euch um mich sammeln. Denkt daran, daß ihr mir jederzeit willkommen seid!«

»Wir werden kommen!« versprachen die beiden wie aus einem Mund.

»Nimm noch einen weisen Rat von mir mit auf den Weg«, sagte Sorqan-chira, als Temudschin schon das Zelt verlassen wollte. »Meide mit deiner Familie die Täler und Weiden am Onon. Das nächste Mal wird Targhutai dich nicht noch einmal entkommen lassen. Er wird dich töten!«

Temudschin nickte und huschte dann in die Dunkelheit hinaus. Sorqan-chiras Sohn hatte ihm den Weg zu dem Gebüsch, wo die Stute angepflockt stand, genau beschrieben, so daß er keine Schwierigkeit hatte, die Stelle zu finden.

Es war ein gutes Pferd, das sie da für ihn ausgewählt hatten. Temudschin tätschelte die Stute beruhigend am Hals, als er näher trat, und löste dann den Pflock. Er führte das Pferd am Zügel vom Lager weg. Als der Schein der Feuer im Ordu nur noch als schwacher Schimmer zu erkennen war, schwang er sich auf den Rücken der Stute und ritt los. Er lächelte, als er daran dachte, daß Sorqan-chira jetzt vermutlich sein Ohr an den Boden preßte, um sicherzugehen, daß auch nichts schiefgelaufen war.

Temudschin fühlte sich frei wie der Wind, als die Stute in

einen lockeren Galopp fiel und die warme Sommerluft durch sein Haar strich. Über ihm blitzten die Sterne wie scharfkantige Diamanten.

Er war frei!

Temudschin gönnte sich in dieser Nacht nur wenige Stunden Schlaf. Als der Morgen anbrach, setzte er seinen Ritt fort. Er kam zu der Verschanzung, die er vor gut zwei Wochen zusammen mit seinen Brüdern im Walddickicht angelegt hatte, um sich der angreifenden Taigighut zu erwehren. Von seiner Familie war jedoch weit und breit nichts zu sehen.

Temudschin ahnte, wohin sie gezogen waren, und folgte dem Onon flußaufwärts. Wagenspuren und verlassene Feuerstellen wiesen ihm den Weg. Er erreichte den Qimurqa und folgte nun seinem Flußlauf.

Weit von den Zelten der verräterischen Taigighut entfernt, traf Temudschin endlich auf seinen kleinen Klan, der sich schon keine Hoffnung mehr gemacht hatte, ihn jemals lebend wiederzusehen.

Der Jubel war unbeschreiblich, und Ölün-eke weinte vor Freude, während Qasar und Belgütai ihn mit Fragen bestürmten, wie er es denn bloß geschafft habe, Targhutai zu entkommen. Und so berichtete Temudschin von seinen lebensgefährlichen Abenteuern.

Nachdem sich die erste Aufregung gelegt hatte und wieder Ruhe eingekehrt war, verkündete Temudschin: »Ihr wart klug beraten, hierher zu flüchten. Aber sicher sind wir auch hier noch nicht.«

»Aber wo sollen wir denn hin?« fragte Qasar.

»Wir müssen über die Berge ziehen und uns im Quellgebiet des Kerulen niederlassen, so sehr wir auch die fruchtbaren Täler des Onon vermissen werden«, sagte Temudschin mit einer Stimme, die keinen Widerspruch zuließ. Er war jetzt der Führer des kleinen Klans, und jeder akzeptierte dies. »Packt also die Sachen zusammen und treibt das Vieh von der Weide. Wir brechen noch heute auf!«

Während er sprach und seine Anweisungen gab, beobachtete ihn Ölün-eke. Ein stolzes Lächeln stahl sich auf ihr Gesicht. Ihr Sohn war erwachsen geworden. Und wenn sie auch viel Not und Schmach zu erdulden hatten, so würde ihre Zeit doch noch kommen. Sie wußte es. Ihr Sohn war dazu auserwählt, große Taten zu vollbringen.

Wenige Stunden später machte sich die kleine Karawane auf den Weg. Temudschin führte sie über die Berge und dann durch das Tschenkhirtal hoch ins Quellgebiet des Flusses Kerulen. Als sie zu einem kleinen See kamen, der den Namen Kuku-nor – ›Blauer See‹ – trug, beschloß Temudschin, hier ihr schäbiges Lager aufzuschlagen. Es war eine wenig einladende Gegend, in die sie sich zurückgezogen hatten. Die Riesenschlange Gurelgu war hier zu Hause, und viel zu jagen gab es auch nicht. Murmeltiere und Feldmäuse waren die einzigen jagdbaren Tiere, die in diesem Gebiet hausten.

Doch einen nicht gerade unbedeutenden Vorzug hatte diese karge abgelegene Gegend: Sie bot ihnen einigermaßen Schutz vor einem überraschenden Überfall der Taigighut.

17

Die Zeit verstrich am Kuku-nor, und aus den Kindern wurden junge Männer. Das harte Leben in der Wildnis ließ sie schneller erwachsen werden. Temudschin brannte darauf, aus dem Tal herauszukommen und seine Tapferkeit unter Beweis stellen zu können. Aber noch war die Zeit nicht reif, und die täglichen Arbeiten füllten sein Leben in der Zurückgezogenheit aus.

Eines Morgens sattelte Belgütai den kahlschwänzigen Braunen und begab sich auf Murmeltierjagd, während sich Qasar und Temudschin um die wenigen Lämmer, die ihnen Targhutai gelassen hatte, und die restlichen acht Pferde auf der Weide kümmerten.

»Das Leben eines Mongolenkriegers habe ich mir eigentlich anders vorgestellt«, seufzte Qasar, der zusammen mit Temudschin im Gras eines Hügels saß, von dem aus man einen guten Blick über den See und das Tal hatte. Sie waren damit beschäftigt, Sattelzeug zu flicken und auszubessern. Alles mußte bei ihnen lange halten, so arm waren sie. Sogar an den einfachsten Dingen mangelte es ihnen.

»Glaubst du, mir geht es anders?« erwiderte Temudschin und dachte an Börte. Ob sie wohl noch immer auf ihn wartete, obwohl schon mehr als zwei Jahre vergangen waren? Vielleicht hielt sie ihn schon für tot und hatte sich von ihrem Versprechen entbunden gefühlt?

»Reiter!« schrie Qasar plötzlich aufgeregt.

Temudschin fuhr auf. Sein erster Gedanke war: Targhutai hat es doch nicht aufgegeben! Doch dann erkannte er, daß diese vierzehn, fünfzehn Reiter, die dort in das schmale Hochtal sprengten, nicht zum Stamm der Taigighut gehörten, sondern Djürtschäten waren.

»Sie wollen unsere Pferde rauben!« schrie Qasar verzweifelt.

Temudschin griff nach der Lanze, die neben ihm im Gras lag, und rannte los. Er stürmte den Hang hinunter, obwohl er wußte, daß er die Räuber nicht daran hindern konnte, die acht Pferde von der Weide zu treiben. Ohne Pferd war er zu langsam, und die Räuber verstanden ihr Handwerk.

Mit ihren Säbeln durchtrennten sie die Leinen, mit denen die Pferde an die Pflöcke gebunden waren, trieben die Pferde zusammen und jagten auch schon wieder mit ihrer Beute davon, bevor Temudschin auch nur in ihre Nähe kam.

»Ihr feigen Hunde!« brüllte Temudschin ihnen mit ohnmächtigem Zorn nach, als sie mit ihrer Herde davongaloppierten und schnell außer Sicht waren.

»Was machen wir jetzt bloß?« fragte Qasar niedergeschlagen, als Temudschin zu ihm zurückgekehrt war und die Lanze mit einer wütenden Gebärde in den Boden rammte. »Wir hätten besser achtgeben sollen. Ohne Pferde sind wir so abhängig von den Launen des Geschicks wie Blätter im Wind. Wie sollen wir flüchten, wenn die Taigighut uns nachstellen? Wie sollen wir auf Jagd gehen?« Qasar raufte sich die Haare.

Der Verlust der acht Pferde war ungeheuer. Temudschin

starrte hinüber zum Wald. »Wenn Belgütai nur schnell zurückkommt«, murmelte er. Der Braune war das einzige Pferd, das ihnen geblieben war.

Die Stunden des Wartens waren schrecklich. Kurz nach Sonnenuntergang tauchte Belgütai endlich mit dem Braunen auf. Er führte das Pferd hinter sich am Zügel, weil es mit zahlreichen Murmeltieren, die er erlegt hatte, beladen war. Er war müde von der langen Jagd. Doch als er erfuhr, was ihnen Schreckliches widerfahren war, zögerte er nicht einen Augenblick.

»Ich reite sofort los und nehme die Verfolgung auf!« rief er.

»Nein, du bist zu erschöpft«, sagte Qasar. »Ich werde den Räubern folgen.«

»Keiner von euch beiden wird reiten!« sagte Temudschin nun. »Es ist meine Aufgabe, die gestohlene Herde wieder zurückzuholen. Und ich werde reiten!« Es berührte ihn, als er die Enttäuschung auf Belgütais Gesicht bemerkte. Sein Halbbruder war zu einem getreuen Gefolgsmann geworden und sollte ihm auch später in Zeiten größter Not zur Seite stehen.

Temudschin nahm etwas Dörrfleisch und einen Trinkschlauch mit, bewaffnete sich mit Pfeil und Bogen und ritt los. Er holte das Letzte aus dem Braunen heraus, um den Vorsprung der Pferdediebe aufzuholen. Zum Glück hatten sie eine deutliche Spur hinterlassen, der auch in der Dunkelheit gut zu folgen war, denn die silberne Scheibe des zunehmenden Mondes spendete genügend Licht.

Drei Tage ritt er auf der Fährte der Räuber, ohne daß es ihm gelang, sie einzuholen oder sie zumindest vor sich am Horizont zu erblicken. Längst war der Trinkschlauch leer und das Dörrfleisch aufgezehrt, und der Braune hatte kaum noch Kraft genug, seinen Reiter zu tragen.

Temudschin dachte jedoch nicht daran aufzugeben. Die Pferde waren der kostbarste Besitz eines Mongolen, und ohne die acht Pferde durfte er nicht zum Kuku-nor zurückkehren. Er mußte weiter, auch wenn der Vorsprung der Djürtschäten, die ihre Pferde ja ständig wechseln konnten, von Tag zu Tag größer wurde.

Am vierten Tag überquerte Temudschin eine Bergkette und kam an den Rand der Steppe. Und da sah er einen jungen Burschen etwa seines Alters, der gerade damit beschäftigt war, die Stuten, die er zu beaufsichtigen hatte, zu melken. Bo'ortchu war sein Name.

»Du mußt einen langen Ritt hinter dir haben«, begrüßte Bo'ortchu Temudschin, als dieser ihn erreicht hatte und sich erschöpft vom Pferd gleiten ließ. »Hier, iß und trink. Du siehst aus, als hättest du schon lange nichts mehr zu dir genommen. Mein Name ist Bo'ortchu. Mein Vater ist Häuptling der Arulaten. Er wird Bajan, ›Der Reiche‹, genannt.«

»Ich bin Temudschin, der Sohn Jesügeis«, erwiderte Temudschin und hatte das Gefühl, Bo'ortchu schon seit langem zu kennen. Er war von kräftiger Gestalt mit unternehmungslustigen Augen. Er sah aus wie jemand, auf den man sich verlassen konnte.

»Was ist der Grund deines scharfen Rittes?« erkundigte sich Bo'ortchu und deutete auf den Braunen. »Seine Flanken zittern, als hättest du ihm seit Tagen keine Rast gegönnt.«

»Ich bin Pferdedieben auf der Spur«, erklärte Temudschin und berichtete knapp von dem Raub ihrer kleinen Herde vor vier Tagen.

Aufmerksam hörte Bo'ortchu ihm zu. »Ich habe die Männer, von denen du sprichst, gesehen.«

»Wann?« fragte Temudschin erregt.

»Heute morgen kamen sie kurz nach Sonnenaufgang hier vorbei«, sagte Bo'ortchu. »Es waren Djürtschäten, wie du gesagt hast. Und sie hatten außer ihren Reitpferden noch acht ungesattelte Pferde dabei. Das wird wohl deine Herde gewesen sein.« Temudschin sprang auf. »Ich muß weiter!«

Bo'ortchu legte ihm eine Hand beruhigend auf die Schulter. »Nicht so hastig, Temudschin. Stärke dich erst einmal, und dann reiten wir.«

»Wir?« fragte Temudschin verwirrt.

Bo'ortchu lachte. »Du kommst in großer Not zu mir. Wie sollte ich dich da allein mit einem völlig erschöpften Pferd weiterreiten lassen? Nein, ich werde dich begleiten und dir Kameradschaft leisten, wenn du gestattest.«

»Das willst du wirklich tun? Und was wird dein Vater sagen, wenn du die Herde so einfach im Stich läßt?«

»Es ist mir ein Vergnügen, an deiner Seite zu reiten, Temudschin. Die Taigighut haben dir übel mitgespielt. Doch obwohl dich Targhutai in den Kang schließen ließ, bist du ihm entkommen. Dein nächstes Abenteuer möchte ich mit dir teilen. Und was meinen Vater betrifft – nun, das hat Zeit bis später. Einem Mann in Not muß man helfen, das wird auch er verstehen.«

Es tat Temudschin gut zu hören, daß sein Name an den Lagerfeuern genannt wurde und man von seinen Taten sprach. Vielleicht war die Kunde auch schon zu Dai-Setchen und Börte gedrungen.

»Ich nehme deine Hilfe gern an, Bo'ortchu«, sagte Temudschin erfreut. Und nachdem er sich gestärkt und ein wenig ausgeruht hatte, brachen sie gemeinsam auf. Bo'ortchu hatte zwei ausdauernde Pferde ausgewählt, und sie kamen nun schnell voran.

Doch es vergingen nochmals drei Tage, bis sie ihr Ziel erreichten. Es war gut, daß Temudschin Bo'ortchu an seiner Seite hatte, denn am zweiten Tag verwehte ein kurzer, aber heftiger Sturm die Spuren. Doch Bo'ortchu wußte, wo die Zelte der Djürtschäten standen.

Als die Sonne am dritten Abend hinter den Hügelketten versank, erblickten sie schließlich das kleine Lager der Pferdediebe. Temudschin und Bo'ortchu näherten sich vorsichtig dem kleinen Zeltlager.

»Dort sind sie!« rief Temudschin mit gedämpfter, aufgeregter Stimme. Er deutete auf die acht Pferde, die etwas abseits von der Herde grasten. Er erkannte jedes einzelne Pferd, ganz besonders jedoch stach ihm ein silbergrauer Wallach ins Auge.

»Ich warte die Nacht ab und hole mir dann die Pferde zurück«, raunte Temudschin seinem Gefährten zu.

»Wir werden sie zusammen holen«, korrigierte Bo'ortchu ihn.

»Ich möchte nicht, daß du dich meinetwegen in Gefahr begibst«, erklärte Temudschin. »Du hast mir auch so schon genug geholfen. Die Herde aus dem Lager der Djürtschäten herauszutreiben, ist meine Aufgabe.«

Nun wurde Bo'ortchu ernstlich ungehalten. »Was hältst du von mir, daß du von mir verlangst, hier zurückzubleiben und untätig abzuwarten? Ich bin mit dir geritten, um dir Kameradschaft zu leisten. Und jetzt weist du mich zurück. Willst du mich beleidigen?«

Temudschin sah den gekränkten Stolz in den Augen seines neuen Freundes und schüttelte den Kopf. »Verzeih mir. Reiten wir also zusammen.«

Bo'ortchus Gesicht hellte sich augenblicklich auf. »Du kümmerst dich um die Herde, während ich für ein bißchen Verwirrung im Lager sorge.«

In einer geschützten Senke warteten sie auf die Nacht. Als das kleine Lager endlich in tiefem Schlaf lag, wagten sie das riskante Unternehmen. Temudschin näherte sich vorsichtig seiner Herde, während Bo'ortchu sich bereithielt, Verwirrung im Lager zu stiften.

Und dann ging alles sehr schnell. Temudschin trieb die acht Pferde, die ihn mit freudigem Schnauben begrüßten, von der Weide, während Bo'ortchu die Reitpferde der Djürtschäten in Aufruhr versetzte. Er schlug mit einem dornigen Zweig auf die Tiere ein, die ihre Pflöcke aus der Erde rissen und nach allen Himmelsrichtungen auseinanderstoben.

Als Bo'ortchu sein Pferd herumriß, um Temudschin im Galopp zu folgen, wurden im Lager schon erschrockene Rufe und Flüche der schlaftrunkenen Djürtschäten laut. Ein Mann stürzte mit der Lanze in der Hand aus dem Zelt, als Bo'ortchu durch die Gasse der Jurten ritt. Er riß die Lanze hoch und wollte sie dem fremden Reiter, der in ihr Ordu eingedrungen war, entgegenschleudern. Doch da war Bo'ortchu schon heran. Er zog ihm den dornigen Zweig im Vorbeireiten quer durch das Gesicht.

»Das war für den frechen Pferderaub!« rief er dem Djürtschäten-Krieger zu, der aufschreiend zurücktaumelte, sich dabei in den Schnüren des Zelteingangs verfing und rücklings in die Jurte fiel.

Das letzte Zelt flog an Bo'ortchu vorbei. Er jagte hinter Temudschin her, und sein fröhliches Lachen klang durch die Nacht. Es war Hohn in den Ohren der Djürtschäten. Sie versuchten eiligst, ihre Reitpferde wieder einzufangen. Und dann nahmen sie die Verfolgung auf.

»Ich hätte ihre Zelte in Brand setzen sollen!« rief Bo'ortchu Temudschin zu, als er sich im Sattel umdrehte und die ersten Verfolger erblickte. »Das hätte sie länger aufgehalten. Sie werden uns einholen.« Ohne Herde hätten sie den Djürtschäten entkommen können. Dennoch trug sich weder Temudschin noch Bo'ortchu auch nur eine Sekunde lang mit dem Gedanken, die wieder zurückeroberten Pferde aufzugeben. Kampflos würden sie die Tiere nicht hergeben.

»Ich werde zurückbleiben und den vordersten aus dem Sattel schießen!« antwortete Temudschin. »Das wird den anderen die Lust an einer weiteren Verfolgung nehmen.«

»Laß mich das machen!« bat Bo'ortchu und zog schon einen Pfeil aus dem Köcher. »Ich verfehle nie das Ziel, Temudschin. Man nennt mich nicht zu Unrecht Bo'ortchu, den Unfehlbaren! Ich werde mich mit ihnen schießen.«

»Nein!« Temudschin blieb diesmal hart. »Niemand wird mir diese Aufgabe abnehmen. Und das hat nichts damit zu tun, daß ich deiner Treffsicherheit vielleicht mißtrauen könnte. Bestimmt bist du der bessere Bogenschütze von uns beiden. Aber dennoch muß ich es erledigen.«

Bo'ortchu war enttäuscht, verstand jedoch, daß Temudschin sich der Gefahr stellen mußte. Das verlangte sein Stolz einfach von ihm.

»Gut, dann hol du ihn vom Pferd!«

»Noch nicht«, erwiderte Temudschin. »Laß den ersten Reiter sich noch weiter von der Gruppe absetzen. Dann haben wir es jedesmal nur mit einem Gegner zu tun und nicht gleich mit der ganzen Meute.«

Bo'ortchu lachte anerkennend. Auf diesen klugen Einfall wäre er gar nicht gekommen. Mit dieser List würden sie notfalls einen nach dem anderen aus dem Sattel schießen, sofern die Djürtschäten sie nicht durchschauten. Aber das hielt er für unwahrscheinlich. Pferdediebe waren für ihn keine tapferen Krieger.

Einer der Djürtschäten setzte sich immer mehr von seinen Gefährten ab und kam deutlich näher. Im vollen Galopp preschte er heran, den Arkan, das Fangseil, in der Hand.

Temudschin hielt den Augenblick für gekommen und ließ sich plötzlich zurückfallen, während er gleichzeitig zu Pfeil und Bogen griff. Als Mongole hatte er gelernt, im Reiten zu schießen.

Der Djürtschäten-Krieger schwang das Fangseil und schien Temudschin entgegenzufliegen. Und dann gab Temudschin die Bogensehne frei, und der Pfeil schwirrte davon. Er traf den Verfolger in die linke Schulter und schleuderte ihn vom Rücken des Pferdes.

»Getroffen!« jubelte Bo'ortchu.

Temudschins gelungener Pfeilschuß nahm den Djürtschäten die Lust an einer weiteren Verfolgung. Die acht gestohlenen Pferde waren ihnen ein nächtliches Pfeilgefecht mit offensichtlich guten Bogenschützen nicht wert. Und so gaben sie die Jagd auf und kehrten verdrossen in ihr Lager zurück.

Bo'ortchu und Temudschin jedoch ritten die Nacht durch, bevor sie sich eine Rast gönnten. Als sie drei Tage später im Lager von Bo'ortchus Vater eintrafen, sagte Temudschin zu seinem Gefährten:

»Ohne deine Hilfe wäre es mir nie möglich gewesen, die Herde wieder zurückzuholen. Nimm vier Pferde. Sie stehen dir zu.«

Bo'ortchu schüttelte den Kopf. »Nicht eines werde ich nehmen, Temudschin. Ich habe mich dir angeschlossen, weil du in Not warst. Und ich habe es gern und freiwillig getan. Wie kannst du da nur auf den Gedanken kommen, mich bezahlen zu wollen? Soll ich dir für etwas, was mir Spaß gemacht hat, vier Pferde berechnen?«

»Ich gebe sie dir gern«, drängte Temudschin ihn.

Doch Bo'ortchu winkte ab. »Hast du vergessen, wie man meinen Vater nennt?«

»Bajan, den Reichen«, erinnerte sich Temudschin.

»Richtig, und ich bin sein einziger Sohn. Was mein Vater an Reichtümern für mich bereithält, ist für mich genug. Und jetzt laß uns die Sache vergessen und meinen Vater aufsuchen. Sicherlich wird er sich Sorgen gemacht haben. Aber wir bringen ja gute Nachrichten.«

Bajan hielt seinem einzigen Sohn eine heftige Standpauke, als Bo'ortchu, gefolgt von Temudschin, in seine Jurte trat. Doch es war ganz offensichtlich, daß die Freude, seinen Sohn gesund und wohlbehalten wiederzusehen, den Ärger darüber, daß er die ihm anvertraute Herde ohne Erlaubnis so einfach verlassen hatte, bei weitem überwog. Und als er dann hörte, was die beiden jungen Männer gemeinsam erlebt hatten, strahlte sein Gesicht.

»Dein Name hat einen guten Klang, Temudschin«, lobte Bajan. »Du machst deiner edlen Herkunft alle Ehre. Mir gefällt, mit welcher Entschlossenheit du dich gegen deine zahlreichen Feinde zur Wehr setzt.«

»Manchmal läßt einem das Schicksal keine Wahl«, erwiderte Temudschin bescheiden, war sich der Worte des Arulaten-Häuptlings jedoch sehr bewußt. Er hatte nie an sich und seiner Bestimmung gezweifelt. Doch es war gut zu wissen, daß auch die anderen noch mit einem rechneten.

»Ihr seid beide in einem Alter«, fuhr Bajan fort, »in dem man in das Gefolge eines edlen Häuptlingssohnes tritt...«

Temudschin horchte auf. Wollte Bajan ihn vielleicht dazu bewegen, seinem Sohn Gefolgschaft zu leisten? Nie und nimmer würde er das können. Sein Stolz als Sohn des berühmten Jesügei-Bagaturs würde ihm das verbieten.

Und er überlegte angestrengt, wie er die Bitte Bajans abschlagen konnte, ohne ihn zu beleidigen.

Bajan enthob ihn mit seinen nächsten Worten dieser Sorge. »Es wird Zeit, daß du Männer um dich sammelst, Temudschin. Ich möchte, daß mein Sohn dein erster Gefolgsmann wird.«

Temudschin zeigte sich ehrlich überrascht und blickte zu Bo'ortchu hinüber. »Ich weiß deine Worte zu schätzen, Bajan. Doch ist das auch der Wunsch deines Sohnes? Noch ist mein Ordu klein, und ich werde ihm nicht viel bieten können.«

»Oh, ich kann warten, Temudschin!« Bo'ortchu lachte. Er hegte nicht den geringsten Zweifel, unter Temudschins Führerschaft zu Macht und Ansehen zu gelangen. »Der Wunsch meines Vaters ist auch meiner.«

»Du wirst es nicht bereuen, das verspreche ich dir«, sagte Temudschin mit feierlichem Ernst.

Und so kam es, daß Temudschin nicht nur mit den gestohlenen acht Pferden in das kleine Ordu am Kuku-nor zurückkehrte, sondern auch mit Bo'ortchu als seinem ersten Gefolgsmann.

18

Die Kunde von Temudschins kühnem Handstreich gegen die Djürtschäten machte bei den Steppenvölkern schnell die Runde. Und wieder einmal war sein Name in aller Munde. Und kaum wurde bekannt, daß der junge Temudschin Gefolgsleute annahm, als von allen Himmelsrichtungen junge, tatendurstige Männer zu ihm aufbrachen, um sich seiner Gefolgschaft anzuschließen. Er war noch nicht ganz achtzehn Jahre alt, als sich diese jungen Mongolen um ihn scharten. Sie alle hofften, unter seiner Führung erfolgreiche Raubzüge zu unternehmen. Und keiner seiner Anhänger sollte enttäuscht werden.

Aber noch war es zu früh für einen Kriegszug. Zwar gebot er schon über ein recht ansehnliches Zeltlager, aber im Vergleich zu den großen Stämmen war er doch nicht mehr als ein Sandkorn in einer Gebirgslandschaft. Nein, seine Rache an Targhutai und den anderen Verrätern mußte noch etwas warten.

Vorrangiger als alles andere war im Moment Börte. Er hatte sich geschworen, niemals als Bittsteller zu Börte und Dai-Setchen zurückzukehren. Jetzt endlich konnte er sein Versprechen einlösen und Börte in sein Ordu führen, ohne sich wie ein Bettler vorzukommen. Er hatte sich einen Namen gemacht, und da fiel es nicht so ins Gewicht, daß er weder Dai-Setchen noch Börte kostbare Geschenke machen konnte.

Zusammen mit seinem Halbbruder Belgütai machte er sich

eines Morgens auf den langen Weg zu den Weiden der Qongirat. Doch je näher er sich dem Ordu seines Schwiegervaters näherte, desto unsicherer wurde er.

Über vier Jahre waren mittlerweile vergangen, seit Munglik und Sorqan-chira ihm die Nachricht vom heimtückischen Giftanschlag der Tataren auf seinen Vater überbracht hatten. Das war eine lange Zeit. Würde er Börte überhaupt noch im Lager ihres Vaters antreffen? Und genügte es Dai-Setchen wirklich, einen Mann zum Schwiegersohn zu bekommen, der nur über ein paar hundert Zelte herrschte und nicht über vierzigtausend? Und würde er nicht doch angemessene Geschenke für sich und seine Tochter erwarten?

Temudschins Befürchtungen erwiesen sich als unbegründet. Als er mit Belgütai ins Lager der Qongirat einritt, wurde er mit großem Jubel begrüßt, wie ein Herrscher und als hätte er das prächtigste Gefolge und nicht nur etwa einen Bruder als Begleiter. Vor allem die Jugend empfing ihn mit überschäumender Begeisterung. Temudschin war ihr Held. Seine Taten, von Erzähler zu Erzähler immer abenteuerlicher und kühner beschrieben, beflügelten ihre Fantasie. Einem Mann wie ihm wollten sie sich anschließen.

Auch Dai-Setchen war hocherfreut, als er Temudschin erblickte. Wie einen Sohn nahm er ihn in seine Arme, hielt ihn dann mit gestreckten Armen von sich, um ihn eingehend zu mustern, und sagte: »Du hast dich vieler Feinde erwehren müssen, Temudschin. Ich war oft in großer Sorge um dich und hatte dich manches Mal aufgegeben. Und nun bist du hier. Ich bin stolz auf dich!«

Temudschin vermochte seine Ungeduld kaum zu beherrschen. »Und Börte?« fragte er drängend.

Dai-Setchen lächelte verständnisvoll. »Hat sie dir nicht ihr Versprechen gegeben?«

»Sie hat also gewartet!«

Der Alte nickte. »So wie du wohl auf diesen Tag gewartet hast, mein Sohn!«

Als Temudschin endlich seiner zukünftigen Frau gegenüberstand, nahm ihr Anblick ihm den Atem. Er hatte sie als junges Mädchen kennengelernt und verlassen. Doch die Börte, die nun vor ihm stand und ihn mit verräterisch feuchten Augen anblickte, war kein Mädchen mehr, sondern eine Frau. Und in all den Jahren der erzwungenen Trennung hatte sie noch an Schönheit gewonnen.

»Börte!«

»Temudschin!«

Sonst fielen keine Worte. Nichts hätte ihre Gefühle in diesem Moment, als sie sich in die Arme fielen, auszudrücken vermocht. Ihre innige Umarmung sagte mehr als tausend Worte.

Im Zeltlager der Qongirat wurde nun alles für das große Hochzeitsfest gerichtet. Lämmer und Rinder wurden geschlachtet, köstliche Speisen zubereitet, die Zelte geschmückt und vor allem eine ungeheure Menge Kumyß hergestellt. Von diesem Fest sollte man noch lange sprechen.

Am Tag der Hochzeitszeremonie begannen schon früh die Trommeln der Schamanen zu dröhnen. Die Medizinmänner stellten mit ihren rituellen Tänzen die Verbindung zu den

Gottheiten her. Sie erbaten Schutz und eine glückliche, ruhmreiche Zukunft für das junge Paar, während im großen Festzelt die letzten Dinge für die glanzvolle Feier gerichtet wurden.

Dai-Setchen schenkte seinem Schwiegersohn einen kostbaren schwarzbraunen Zobelmantel, der wertvoller war als alles zusammen, was Temudschin besaß.

Die Feier überstieg alles, was die Qongirat jemals in ihrem Ordu erlebt hatten. Als das Fest seinen Höhepunkt erreichte, flüchtete Börte – wie es der Brauch der Mongolen verlangte – aus dem Zelt und tat so, als wollte sie Temudschin davonrennen. Und Temudschin ritt hinter ihr her, während die jungen Männer und Mädchen des Lagers ihm immer wieder den Weg verstellten und es ihm auf scherzhafte Weise schwermachten, Börte endlich zu ergreifen.

Schließlich holte er Börte ein, zog sie zu sich auf sein Pferd und entführte sie und machte sie damit zu seiner Frau. Börte durfte von nun an die Bokta tragen, den prunkvollen zylinderförmigen Frauenhut. Das innere Gerüst der Bokta war aus Birkenrinde gefertigt und mit roter und schwarzer Seide bespannt. Auf das Tuch waren kostbare Edelsteine gestickt, Türkise, Jade und Bergkristalle. Farbige Federn eines Kranichs krönten den Frauenhut, der unter dem Kinn festgebunden wurde.

Als Börte ihrem Mann nun in sein Ordu in den Schlangenbergen am Kuku-nor folgte, begleitete sie ein eigenes stattliches Gefolge aus Dienerinnen und Freundinnen, wie es sich für die Ehefrau eines Prinzen gehörte. Gleichzeitig hatten sich zahlreiche junge Krieger Temudschin angeschlossen und ihm Gefolgschaft geschworen.

Kaum hatte die eindrucksvolle Karawane das Lager am Blauen See erreicht, als ein Schmied bei Temudschin vorsprach. Er war in Begleitung seines Sohnes, eines sehnigen jungen Mannes von Temudschins Alter.

»Du wirst dich kaum an mich erinnern, Temudschin«, sagte der alte Mann und blickte ihn lächelnd an. »Als dein Vater Jesügei-Bagatur von seinem siegreichen Kriegszug gegen die Tataren in sein Ordu am Onon zurückkehrte und dich in der Wiege vorfand, gab er dir zu Ehren ein großes Fest. Auch ich nahm an diesem Fest teil und brachte Zobelpelze als Geschenk. Heute bin ich gekommen, um ein anderes Geschenk, das ich Jesügei-Bagatur damals versprach, dir zu übergeben.«

Temudschin runzelte die Stirn. »Du bringst mir ein Geschenk, das in Wirklichkeit jedoch für meinen ermordeten Vater gedacht ist?«

Der Schmied nickte. »Genauso verhält es sich. Ich versprach deinem Vater nämlich, meinen eigenen Sohn Djelme als Diener und Gefährte für dich aufzuziehen. Und heute bringe ich dir meinen Sohn.«

»Ich werde stets zur Stelle sein, wenn du mich brauchst«, sagte Djelme mit fester Stimme, die nichts Unterwürfiges an sich hatte. Aus ihr sprach Entschlossenheit und Aufrichtigkeit, was ihn Temudschin sofort sympathisch machte. Er spürte, daß er in Djelme einen unverbrüchlichen Freund gefunden hatte.

Nachdem Temudschin nun über ein schon recht ansehnliches Ordu herrschte, konnte er nicht länger in dem schmalen Hochtal am Kuku-nor bleiben. Er mußte sich also nach einem anderen Gebiet umsehen, in dem es gute Weiden und genügend jagdbares Wild gab.

»Wir haben nun lange genug in den Bergen gehaust«, sagte Temudschin zu seiner Mutter Ölün-eke, als sie ihn nach seinen Plänen befragte. »Wir werden nach Südwesten in die hügelige Steppe zum Sari Keyer ziehen und dort unsere Zelte aufschlagen.« Sari Keyer, was soviel wie ›Eselskruppe‹ bedeutete, war ein mächtiger runder, von Wind und Wetter glatt polierter Fels inmitten der Steppenlandschaft.

»Das ist eine gute Wahl«, sagte Ölün-eke. »Aber hast du auch bedacht, daß du leichter anzugreifen bist, wenn du die Berge, die uns Schutz gegeben haben, verläßt?«

»Die Berge haben uns nicht vor den räuberischen Djürtschäten geschützt«, erwiderte Temudschin. »Nein, Targhutai fürchte ich nicht. Er soll ruhig wissen, daß ich Anspruch auf die Führerschaft über den Qiyat-Klan erhebe.«

»Noch bist du aber zu schwach, um einen Krieg gegen Targhutai gewinnen zu können!« mahnte Ölün-eke ihn. »Und deinen ersten großen Kriegszug mußt du gewinnen, Temudschin. Verlierst du ihn, wird dein Name nur noch mit Spott an den Lagerfeuern genannt werden. Deine Gefolgschaft wird sich wie Spreu im Wind zerstreuen. Bevor du also deinen ersten Kriegszug planst, sei sicher, daß du ihn auch bestimmt gewinnen kannst. Warte deine Stunde ab und zügele deine Ungeduld.«

Temudschin lächelte milde. »Keine Sorge, Mutter. Ich bin nicht so vermessen zu glauben, Targhutai mit meinen wenigen Kriegern schlagen zu können. Und was du sagst, ist auch meine Überzeugung. Mein erster Kriegszug muß ein glänzender Erfolg sein – und das wird er auch!«

Temudschin gab nie ein Versprechen, das er nicht halten konnte.

19

In der welligen Graslandschaft zwischen den Flüssen Kerulen und Tola errichtete Temudschin sein neues Lager. Die Wahl des Standortes hatte er sich reiflich überlegt. Er befand sich nun ganz in der Nähe des Kereitenhäuptlings Toghril, dessen Zelte östlich vom Tola in einem gewaltigen Waldgürtel standen, der den Namen Schwarzer Wald trug. Temudschin hatte die Nachbarschaft sehr wohl bedacht.

»Wie wird Toghril reagieren, wenn er davon erfährt, daß wir uns hier niedergelassen haben?« sinnierte Qasar. »Er könnte es als Herausforderung betrachten.«

Temudschin lachte. »Gegen Toghril sind wir wie eine Mücke auf einem Ochsen.«

»Auch Mücken können lästig sein.«

»Ich habe diesen Platz ganz bewußt gewählt«, erklärte Temudschin. »Gerade wegen Toghril. Hast du vergessen, daß unser Vater sein Anda, sein Blutsbruder, war?«

»Hoffentlich hat er es nicht vergessen. Es ist eine lange Zeit her.«

»Ich werde Toghril in seinem Ordu aufsuchen«, lüftete Temudschin nun vor Qasar seine geheimsten Pläne. »Wir sind noch zu schwach, um eigenständig Krieg zu führen, aber wir sind schon stark genug, um uns einem mächtigen Herrscher als Bundesgenossen anzubieten.«

»Du willst dich Toghrils Befehlen unterordnen?«

»Solange es für meine eigenen Pläne nützlich ist, werde ich das tun«, erwiderte Temudschin entschlossen. »Ich will Targhutai entmachten und die Herrschaft über die Bordjigin übernehmen, wie mein Vater es gewollt hat. Und um dieses Ziel zu erreichen, verbünde ich mich gern mit dem grausamen Toghril. Ich breche morgen auf und möchte, daß du und Belgütai mich begleiten.«

Qasar lächelte belustigt. »Gut, erinnern wir Toghril an seine Blutsbrüderschaft...«

»...und an seine Schuld!« fügte Temudschin hinzu.

Als die drei Brüder das Lager der Kereiten im Schwarzen Wald erreichten, weiteten sich ihre Augen vor Erstaunen und unverhohlener Bewunderung.

»Beim Ewigen Blauen Himmel!« stieß Belgütai beeindruckt hervor. »Das nenne ich ein Zeltlager!«

Zehntausende von Zelten drängten sich in immer größer werdenden Ringen um den großen Platz in der Mitte, wo das prunkvolle Zelt des Kereitenkönigs stand. Es nannte sich ›Großes Goldzelt‹ und trug diesen Namen nicht von ungefähr. Die Zeltwände bestanden aus kostbarem, golddurchwirktem Stoff, während das Dach aus dünnen Goldplatten gearbeitet war. Im Sonnenlicht funkelte das Goldzelt und war auch von weitem nicht zu übersehen. Neben dem Zelt des Königs standen mehrere kleine Zelte aus farbenprächtigen Seidenstoffen. Hier lebten Toghrils Frauen und Geliebten.

Wohin Temudschin Qasar und Belgütai auch blickten, überall sahen sie Reichtum und verschwenderische Fülle in allen Dingen. Toghril kontrollierte den Handel durch die Wüste Gobi, und jede Karawane, die sich nicht der Gefahr, überfallen und restlos ausgeraubt zu werden, aussetzen wollte, mußte ihm Tribut zahlen. Und das war nicht wenig. Neben diesem Wegzoll unterhielt er noch einen einträglichen Handel mit dem Chin-Reich im Süden. Toghril-Khan gehörte zweifellos zu den bedeutendsten und mächtigsten Herrschern der Mongolei – und zudem war er auch noch einer der reichsten.

Er empfing den erstgeborenen Sohn seines Blutsbruders im goldenen Zelt.

Temudschin gab acht, daß er beim Eintreten weder die Schwelle noch die Zeltschnüre berührte. Das wäre nämlich einer Beleidigung der Schutzgeister des Zeltes gleichgekommen und ein fast unverzeihliches Vergehen gewesen. Auspeitschung war die geringste Strafe, mit der man in solch einem Fall zu rechnen hatte.

Toghril thronte in einem geschnitzten Sessel mit hoher Rückenlehne, umgeben von unermeßlichen Reichtümern. Seine Frauen, die Prinzen und Edlen des Stammes hatten sich um ihn versammelt. Zu seiner Linken und mit ihm auf gleicher Höhe saß seine Hauptfrau, während seine Nebenfrauen und alle anderen auf Filzdecken zu seinen Füßen saßen. Wie es der Brauch der Mongolen verlangte, bildeten Männer und Frauen getrennte Gruppen. Die Frauen hatten sich zur Linken und die Männer zur Rechten des Herrschers niedergelassen.

Das einzig kostbare Gut, das Temudschin besaß, hatte er Toghril als Geschenk mitgebracht – den schwarzen Zobelmantel. Er breitete ihn vor dem Khan aus und hoffte, daß er ihm gefallen möge. Toghril prüfte mit gierigem Blick die erstklassige Qualität des Pelzes und zeigte sich von dem Geschenk Temudschins angetan.

»Nimm Platz und berichte!« forderte er ihn großmütig auf. Und während Temudschin der Aufforderung nachkam, wurden Speisen und Getränke gereicht.

Aufmerksam hingen Toghril und sein Gefolge an den Lippen Temudschins, als dieser nun von seinen Abenteuern erzählte. Er schilderte seine Erlebnisse mit knappen, einfachen Worten und ohne etwas auszuschmücken. Im Gegenteil. Er zeigte sich bescheiden, verleugnete sich aber auch nicht. Jeder in Toghrils Zelt spürte seinen Stolz und die edle Herkunft.

Und dann kam Temudschin auf seinen Vater zu sprechen und auf jene Zeit, als Jesügei und Toghril miteinander Blutsbrüderschaft geschlossen hatten. Er ließ auch nicht den Kriegszug, der Toghril wieder zum Khan der Kereiten machte, unerwähnt.

Schweigend hörte Toghril zu.

Geschickt ließ Temudschin auch seine Eheschließung mit der Tochter des angesehenen Qongirathäuptlings Dai-Setchen ins Gespräch einfließen. Beifälliges Gemurmel begleitete seine Worte.

»Ich bin jedoch nicht gekommen, um dich mit Geschichten zu langweilen, die wohl schon längst an dein Ohr gedrungen sind«, sagte Temudschin dann und bemerkte ein belustigtes Lächeln auf dem knochigen, eingefallenen Gesicht des Kereitenherrschers. »Sondern als rechtmäßiger Herrscher über den Stamm der Bordjigin möchte ich dir meine Dienste und die meiner Krieger anbieten. Dir, dem großen Khan der Kereiten, dienen zu dürfen, wäre eine große Ehre.« Und er unterstrich seine Worte mit einer angemessenen Verbeugung.

Toghril schmunzelte. Er hatte Temudschin wohl durchschaut. Doch ihm gefiel die geschickte, diplomatische Art, wie der junge Mann sein Anliegen vorgebracht hatte.

»Noch ist Targhutai Herrscher über das Volk deines Vaters«, bemerkte er.

»Ich zweifle nicht daran, mit deiner Hilfe zu meinem Recht zu gelangen«, erwiderte Temudschin mit beeindruckendem Selbstvertrauen. »Und dann werden dir auch die Bordjigin Gefolgschaft leisten.« Und in Gedanken setzte Temudschin hinzu: Natürlich nur für eine kurze Zeitspanne!

Toghril strich über den herrlichen Zobel und betrachtete Temudschin. Die Vorstellung, die Bordjigin als Bundesgenossen unter Temudschins Führerschaft zu haben, schmeichelte ihm. Seine Macht würde noch mehr wachsen.

»Zum Dank für den schwarzen Zobelpelz will ich dir dein Volk, das sich von dir getrennt hat, wieder zuführen«, verkündete der Kereiten-Khan schließlich. »Dein Vater war mein Anda. Du sollst mein Wahlsohn sein!«

Temudschin bedankte und verbeugte sich mit ernstem Gesicht, innerlich triumphierte er. Er hatte mehr erreicht, als er sich von diesem Besuch erwartet hatte. Toghril hatte ihm die Unterstützung seiner Truppen zugesagt – und ihm die Erlaubnis erteilt, sich als seinen Wahlsohn bezeichnen zu dürfen. Die Nachricht, daß er sich mit dem mächtigen Toghril verbündet hatte, würde in Windeseile die Runde bei den Steppenvölkern machen – und ihm noch mehr Gefolgsleute zuführen. Niemand konnte ihn jetzt noch ignorieren – er war der Mann der Zukunft!

20

Temudschins strahlende Zukunft begann mit einem schmählichen Ereignis. Zusammen mit seinen Brüdern ins Ordu am Sari Keyer zurückgekehrt, jagte ein Fest das andere im Lager der jungen Krieger. Das Bündnis mit Toghril mußte gebührend gefeiert werden. Sorglosigkeit erfaßte Temudschins Zeltlager. Die Wachsamkeit ließ nach.

Eines frühen Morgens, als es dämmerte, schreckte die alte Dienerin Qaqchin plötzlich aus dem Schlaf und stürzte laut schreiend in das Zelt, das Ölün-eke bewohnte.

»Mutter, Mutter, steh schleunigst auf! Der Boden bebt! Fremde Reiterhorden nähern sich dem Ordu!« rief sie aufgeregt.

Ölün-eke war sofort hellwach. »Weck schnell die Kinder!« befahl sie ihrer Dienerin.

Das Lager fuhr nun aus dem Schlaf. Männer, Frauen und Kinder rannten aus den Jurten. Temudschin und seine Krieger holten die Pferde und berieten hastig, was zu tun war. Ein gewaltiger Reitertrupp näherte sich ihrem Zeltlager. Die Angreifer waren deutlich in der Übermacht und schwangen Brandfackeln über ihren Köpfen.

»Flieht!« rief Ölün-eke ihren Söhnen zu. »Ihr könnt allein nichts gegen sie ausrichten. Flieht und holt Hilfe! Ich kümmere mich um Börte!«

Temudschin zögerte. Es widerstrebte ihm, seine Frau einfach zurückzulassen. Aber andererseits waren nicht genügend Pferde da. Er mußte sich entscheiden – und er beschloß, dem Rat seiner Mutter zu folgen.

Mit Djelme, Belgütai, Qasar und Bo'ortchu an seiner Seite ergriff er die Flucht, und er machte sich schreckliche Vorwürfe, daß er so sorglos gewesen war und vergessen hatte, die nötigen Vorsichtsmaßnahmen zu treffen. Doch diese Selbstvorwürfe machten seinen Fehler nicht ungeschehen.

»Auf zum Burqan-qaldun!« rief Temudschin seiner Reiterschar zu. In den unwegsamen Regionen des Bergzuges würden sie Schutz vor den Angreifern finden.

Ölün-eke versuchte unterdessen, zusammen mit ihrer Dienerin und Börte, den Merkiten, denn um solche handelte es sich bei den heranstürmenden Reitern, auf einem Ochsenkarren zu entkommen. Sie hatte Börte unter der Wagenplane versteckt und trieb das Gespann mit der Peitsche an.

Die Merkiten hatten mittlerweile das Ordu erreicht und schleuderten nun ihre Brandfackeln. Heller Flammenschein züngelte im Dämmerlicht des grauen Morgens hoch. Während der eine Teil der Streitmacht das Lager plünderte und die schönsten Mädchen und Frauen zusammentrieb, nahm der andere die Verfolgung auf.

Die Merkiten wollten Temudschin. Sie hatten nicht vergessen, daß es sein Vater gewesen war, der vor mehr als zwei Jahrzehnten einem Merkitenkrieger Ölün-eke geraubt hatte. Nun wollten sie sich an Temudschin dafür rächen.

Temudschin entkam ihnen, nicht aber Ölün-eke und Börte. Der schwerfällige Ochsenkarren war schnell eingeholt, und es nützte nichts, daß Ölün-eke beteuerte, unter der Plane befinde sich nichts. Die Merkiten rissen das Tuch vom Karren und brachen in ein Triumphgeschrei aus, als sie Temudschins Frau entdeckten.

Temudschin war die Flucht gelungen, und am nächsten Tag begaben sich die siegreichen Merkiten mit ihren Gefangenen auf den Heimweg, während Temudschin nur die Schande blieb.

Als er sicher war, daß die Merkiten auch wirklich abgezogen waren, stieg er zum Gipfel des Burqan-qaldun hoch, legte zum Zeichen seiner Demut den Gürtel über den Hals, nahm die Mütze vom Kopf und vollzog neunmal den Kniefall. Und er betete zu den Gottheiten.

»Nur weil Qaqchin das feine Gehör eines Iltis hat und weil ihr Blick so weit reicht wie der eines Falken, nur durch ihre Umsicht bin ich entkommen. Und nur weil der Burqanqaldun mich mit seinem Dickicht, Moor und Felsgestein geschützt hat, bin ich meinen Feinden entkommen. Deshalb will ich den Burqan-qaldun jeden Morgen mit einem Opfer ehren, jeden Tag will ich ihm für meine Errettung danken. Und das soll auch für meine Kinder und Kindeskinder gelten!«

Nachdem er nun den Gottheiten und Geistern des Berges seine Ehrfurcht erwiesen hatte, schnallte er sich den Gürtel wieder um die Hüfte, setzte seine Mütze auf und fühlte, wie neue Kräfte und Zuversicht ihn erfüllten.

Temudschin stieg vom Berg Burqan-qaldun herab und stellte zu seiner großen Freude fest, daß die meisten seiner Krieger den Merkiten hatten entkommen können. Er sammelte die Reiter um sich und brach mit ihnen sofort zu Toghril auf.

Der Raub seiner geliebten Frau Börte schrie nach Vergeltung. Doch diesmal benötigte er massive Unterstützung, denn es war unmöglich, Börte mit einem Handstreich aus den Händen der Merkiten zu befreien. Ein regelrechter Kriegszug war dazu nötig, und die Truppen für dieses Unternehmen konnte allein der Khan der Kereiten aufstellen. Temudschin schätzte, daß mindestens ein Tümen, das war die mongolische Einheit für zehntausend Krieger, in das Gefecht mit den Merkiten ziehen mußte, wollten sie Aussicht auf Erfolg haben.

Als Toghril vom Überfall der Merkiten erfuhr und Temudschin um Hilfe anging, sagte er ihm diese sofort zu. Er hatte selbst noch ein paar alte Rechnungen mit diesem Stamm zu begleichen. Als er noch ein Junge gewesen war, hatten die Merkiten ihn einmal gefangengenommen, in ein Ziegenfell gesteckt und ihn eine Mühle antreiben lassen. Diese Demütigung hatte er nicht vergessen, und so kam ihm Temudschins Bitte sehr gelegen. Und er gab den Befehl, auf der Stelle zwei Tümen auszuheben.

Es gelang Temudschin, noch einen zweiten Stammeshäuptling für seinen Kriegszug gegen die Merkiten zu gewinnen, nämlich Djamuqa.

Als Jesügei-Bagatur noch lebte, hatten die beiden Jungen, die zusammen im Ordu am Onon aufwuchsen und ihre ersten Abenteuer gemeinsam bestanden, Blutsbrüderschaft geschlossen. Nach Jesügeis gewaltsamem Tod war die Beziehung zwischen ihnen nicht mehr so intensiv gewesen, weil Temudschin – ständig auf der Flucht vor Targhutai – das Leben eines Ausgestoßenen geführt hatte. Doch sie hatten sich nie völlig aus den Augen verloren.

Djamuqa war mittlerweile Häuptling der Djadjirat geworden, und er zögerte nun nicht, seinem Blutsbruder Unterstützung zu gewähren. Er schickte Temudschin einen Boten, der ihm ausrichten ließ: »Wir werden die Merkiten vernichten und bittere Vergeltung üben. Wir werden ihre Zelte niederreißen und ihre Frauen versklaven!«

Er versprach nicht nur, sich mit zwei Tümen zu beteiligen, sondern er schlug Temudschin und Toghril gleichzeitig auch einen ausgearbeiteten Angriffsplan vor. Er empfahl, einen großen Bogen um das Land der Merkiten zu schlagen und sie von Norden aus anzugreifen, ihnen also in den Rücken zu fallen. Der Überraschungsmoment sei doch sicherlich den rund dreihundert Kilometer längeren Anmarschweg wert.

Toghril und Temudschin akzeptierten den Plan. Sie vereinbarten, daß Toghril mit seinen zwei Türmen zur Eselskruppe kommen und Temudschin sich ihm dort mit seiner kleinen Truppe anschließen solle. Gemeinsam wollten sie dann zum Burqan-qaldun ziehen, um sich an dieser Stelle mit Djamuqas Reiterheer zu treffen.

Und so geschah es auch.

Doch als Toghrils Truppen mit Temudschins kleiner Kriegerschar zusammengetroffen waren und sie gemeinsam weiterzogen, gerieten sie in einen fürchterlichen Sturm, der sie an einem schnellen Vormarsch hinderte. Heftige Regengüsse verwandelten den vormals festen Boden in einen matschigen, unsicheren Untergrund.

So kam es, daß Temudschin und Toghril drei Tage später als verabredet auf Djamuqas ungeduldig wartendes Reiterheer stießen.

Djamuqa zeigte sich ungehalten. »Haben wir nicht miteinander vereinbart, daß wir auch bei Schneesturm und Regen nicht zu spät zum Treffen kommen wollten?«

Die Vorwürfe waren gerechtfertigt, und sowohl Toghril als auch Temudschin billigten ihm das Recht zu, so mit ihnen zu reden. Doch im geheimen machte sich Temudschin Gedanken über seinen Blutsbruder, der sich offensichtlich zu einem kalten, berechnenden und herrischen Mann entwickelt hatte. Ganz sicherlich hatte die Aussicht auf reiche Beute ihn veranlaßt, sich an diesem Feldzug zu beteiligen – und nicht etwa seine Blutsbrüderschaft mit Temudschin.

Temudschin hatte das Gefühl, daß es zwischen ihm und Djamuqa zwangsläufig zu Spannungen kommen würde. Freunde von heute konnten in der Mongolei sehr schnell die Feinde von morgen sein. Aber noch war es nicht soweit.

21

Die vereinten Truppen eilten durch die sibirische Taiga und erreichten den Qilqo-Fluß. Eiligst fällten sie Baumstämme, banden sie zu Flößen zusammen und setzten mit ihnen über den Fluß. Als sie das andere Ufer betraten, befanden sie sich schon auf dem Territorium der Merkiten.

Ihre Hoffnungen auf einen Überraschungsangriff wurden jedoch zunichte gemacht. Merkitische Fischer, Zobelfänger und Jäger hatten den Anmarsch der feindlichen Heere bemerkt und Alarm gegeben.

Es waren drei Merkitenhäuptlinge gewesen, die Temudschins Lager mit ihren Stämmen überfallen hatten: Toqto'a-bäki, Dajir Usun und Toqto'a. Den beiden ersten Anführern gelang es, sich noch rechtzeitig in Sicherheit zu bringen. Doch der Preis, den sie dafür bezahlen mußten, war hoch. Kinder, Frauen und ihr Hab und Gut mußten sie zurücklassen.

Toqto'a hatte weniger Glück. Sein Lager wurde von den Truppen der Verbündeten in einem Nachtangriff buchstäblich dem Boden gleichgemacht. Mit grausamer Härte rächte Temudschin den Überfall auf sein Ordu, und seine Bundesgenossen standen ihm in nichts nach. Männer, Frauen und Kinder wurden niedergemetzelt. Die Krieger plünderten das Lager, steckten die Zelte in Brand und bemächtigten sich der Herden. Dann nahmen sie die Verfolgung der geflüchteten anderen beiden Häuptlinge auf. Stießen sie bei ihrem Vormarsch auf Merkiten, gab es keine Gnade. Gefangene wurden nicht gemacht.

In der nächsten Nacht holte Temudschin, der mit seiner kleinen Truppe dem großen Heer vorausgeeilt war, den Zug der Flüchtenden ein. Heller Mondschein lag über der Steppe. Und Entsetzen packte die Merkiten, als sie Temudschins wilde Horde sahen. Sie hatten Börte und Ölün-ekes Dienerin als Geiseln auf einem Karren mit sich geführt. Diesen ließen sie nun einfach zurück und sprengten in panischer Angst nach allen Himmelsrichtungen davon.

Temudschin rief laut nach Börte, als er herangaloppierte. Und als Börte seine Stimme vernahm, sprang sie zusammen mit Qoaqchin vom Wagen und lief ihm entgegen.

Unendliche Erleichterung durchströmte Temudschin, als er Börte erblickte. Er vergaß die Verfolgung der Merkiten, zügelte sein Pferd, sprang aus dem Sattel und schloß seine Frau in die Arme.

»Ich habe gefunden, was ich gesucht habe«, erklärte Temudschin, als Toghril und Djamuqa wenig später wissen wollten, weshalb er mit der Vorhut die Verfolgung abgebrochen hatte. »Laßt uns hier lagern und morgen den Rückmarsch antreten!«

Entgeistert blickten Toghril und Djamuqa ihn an. Die Merkiten befanden sich auf der Flucht, waren in zahlreiche kleine Gruppen zersplittert und über das ganze Gebiet versprengt. Der Sieg gehörte ihnen. Sie brauchten bloß noch mordend und plündernd durch das Land ziehen und die Beute auf ihre Wagen zu laden. Und in diesem Moment, als der Reichtum der Merkiten ungeschützt vor ihrem Zugriff lag, wollte Temudschin den Feldzug abbrechen?

»Wir sollen unsere Truppen zurückziehen?« stieß Djamuqa barsch hervor. »Das kannst du doch nicht im Ernst von uns verlangen. Weshalb sind wir denn erst ins Land der Merkiten eingefallen?«

»Um den dreisten Raub meiner Frau zu rächen und Börte aus ihrer Gewalt zu befreien«, erwiderte Temudschin ruhig. »Und das ist geschehen.«

Toghril und Djamuqa schwiegen verdrossen. Temudschin hatte ihnen eine gute Rechtfertigung geliefert, um die Merkiten überfallen zu können – und nun nahm er sie ihnen wieder. Zähneknirschend mußten sie sich seinem Wunsch fügen, wenn er der Überzeugung war, seine Rechnung mit den Merkiten beglichen zu haben.

Temudschin schmeichelte ihnen nun, indem er sich überschwenglich bedankte. »Von meinem königlichen Vater und von meinem Anda Djamuqa bin ich unterstützt worden. Ihr habt mir die Rache ermöglicht, weil eure tapferen Krieger mir zur Seite standen. Dank eurer Stärke haben wir die Merkiten in alle Winde versprengt, ihre Zelte vernichtet und ihre Angehörigen ausgerottet. Eure Taten werden in aller Munde sein.«

Temudschin beließ es jedoch nicht nur bei Worten. Als Zeichen seines Dankes überließ er Djamuqa und Toghril seine gesamte Kriegsbeute, und das war nicht wenig. Damit versöhnte er die beiden wieder, die dennoch nicht verstehen konnten, weshalb Temudschin den Feldzug für beendet erklärte.

Der Entschluß, die Merkiten nicht völlig aufzureiben, entsprang reiflicher Überlegung. Temudschin war es nicht ratsam erschienen, das im Augenblick einigermaßen stabile Gleichgewicht in der Mongolei zu stören. Noch gab es keinen Stamm, der um vieles stärker war als andere. Wurden jedoch die Merkiten vernichtend geschlagen, gewann Toghril sofort an Macht. Temudschin hatte sich überlegt, daß es besser war, wenn die Merkiten, die ja Nachbarn der Kereiten waren, stark genug blieben, um Toghrils Machtgelüste ein wenig zu dämpfen. Und dasselbe galt auch für Djamuqa. In der gegenwärtigen Situation war er für starke Bundesgenossen dankbar, doch er wollte verhindern, daß sie zu mächtig wurden, damit er sie später unter seine Herrschaft zwingen konnte.

22

Nach dem glanzvollen Sieg über die Merkiten machte Djamuqa seinem Blutsbruder das überraschende Angebot, mit ihm zusammen auf die Weideplätze im Onontal zu ziehen. Temudschin nahm das Angebot an und schlug sein Ordu in unmittelbarer Nähe von Djamuqas Zeltlager auf.

Die Nachricht von Temudschins Sieg und seinem unerwarteten Rückzug machte wieder einmal schnell wie ein Steppenfeuer die Runde und verwirrte die Stämme.

»Temudschin hat die Merkiten verschont! Er hat ein schreckliches Blutbad angerichtet, doch dann die Hand vom Schwert genommen, als er seine Frau Börte aus der Gewalt der Merkiten befreit hatte. Er hat sie gerecht bestraft, sie aber nicht vernichtet! Und die Beute hat er verschmäht und an seine Untergebenen verschenkt! Was für ein Häuptling, der seine Krieger noch beschenkt!«

So sprach man in der Steppe von dem jungen Anführer. Und die Krieger anderer Stämme und Klans verglichen Temudschin, der hart zu seinen Feinden und großzügig zu seinen Freunden war, mit ihren Anführern. Und bei diesem Vergleich kamen viele Häuptlinge schlecht weg.

Die Folge war, daß immer mehr Mongolen in sein Ordu eilten, um sich ihm anzuschließen. Ja, sogar ganze Stämme stellten sich unter seine Herrschaft. Es war besser, ihn zum Freund als zum Feind zu haben. Und innerhalb kürzester Zeit wuchs sein Ordu am Onon über dreizehntausend Zelte.

Temudschin nahm alle bei sich auf. Und er machte auch denjenigen, die ihn nach dem Tod seines Vaters im Stich gelassen hatten und mit Targhutai gezogen waren und nun zu ihm zurückkehrten, keine Vorwürfe. Im Gegenteil. Er nahm die Anführer der Klans im Rat der Edlen auf und übertrug ihnen Ehrenämter.

Gleichzeitig begann er damit, seine Truppen zu kampfstarken Einheiten heranzubilden. Als Einzelkämpfer waren mongolische Krieger hervorragende Kämpfer, doch niemand hatte bisher daran gedacht, sie zu einer regelrechten militärischen Einheit zusammenzuschweißen und sie darauf zu drillen, als geschlossene Kampfgruppe in ein Gefecht zu ziehen.

Temudschin hatte nicht vergessen, was Dai-Setchen ihm vor vielen Jahren über die Kampftechnik der Chin-Krieger berichtet hatte. Für seine Ziele brauchte er ein Heer, das sich auch im Schlachtengetümmel befehligen ließ und Manöver in geschlossener Formation auszuführen verstand.

Er teilte seine Soldaten in mehrere Korps ein und ließ sie gegeneinander Attacken reiten, Rückzugsmanöver und Flankenbewegungen ausführen. Für die Krieger waren diese Scheingefechte unterhaltsame Vergnügungen, und sie waren mit Begeisterung bei diesen täglichen Übungen.

Seine dreizehntausend Krieger, aufgeteilt in dreizehn Korps – Guran genannt –, lernten in diesem Spiel, einander zu umgehen, dem Gegner in den Rücken zu fallen, feindliche Linien zu durchbrechen, schwenken, wenden und andere Manöver. Und das Ergebnis dieser Kriegsübungen waren

Disziplin und ein Gefühl der Zusammengehörigkeit – eine völlig neue Erfahrung für die wilden Nomadenstämme.

Djamuqa beobachtete diese militärischen Übungen mit Geringschätzung, das Anwachsen von Temudschins Lager jedoch mit Neid und Mißtrauen. Zu mächtig wurde ihm sein Blutsbruder, und er suchte nach einem Grund, um mit Temudschin brechen zu können.

Ähnliche Gedanken hegte Ölün-eke. Es paßte ihr nicht, Djamuqa in der Nähe ihres Sohnes zu wissen. Und dabei dachte sie weniger an die Macht des Stammeshäuptlings als an sein grobes Benehmen und seine nicht gerade edle Herkunft.

»Du wirst dich von Djamuqa trennen müssen«, sagte sie eines Tages zu Temudschin, als sie zusammen einen Rundgang durch das Ordu machten.

»Er ist mein Blutsbruder«, gab Temudschin zu bedenken, doch seiner Antwort fehlte der nötige Nachdruck. Auch er hatte sich schon Gedanken über Djamuqa gemacht. Wo er nur konnte, zettelte Djamuqa Streit zwischen den Männern der beiden Lager an.

»Wer noch gestern dein Todfreind war, kann morgen dein Blutsbruder sein – und umgekehrt«, erwiderte Ölün-eke, die lange genug Ehefrau Jesügei-Bagaturs gewesen war und das Spiel der wechselnden Fronten oft genug erlebt hatte.

Temudschin nickte. »Djamuqa ist alles zuzutrauen.«

»Das ist es nicht, was mir Sorgen bereitet«, sagte Ölün-eke. »Mit den Djadjirat nehmen es deine Krieger auf.« Stolz schwang in ihrer Stimme mit. Nie hatte sie die Prophezeiung der Schamanen vergessen. Ihr Sohn würde ein gewaltiger Krieger sein. Schon jetzt war er mächtig, doch das war erst der Beginn. Viel Größeres lag noch vor ihm.

»Was viel schwerer wiegt, ist seine niedere Herkunft. Ich weiß sehr wohl, was du immer sagst, mein Sohn«, fuhr sie schnell fort, als er ihr ins Wort fallen wollte. »Mut und Tapferkeit ersetzen edles Blut, und damit hast du recht. Doch solange du dich mit einem Mann wie Djamuqa abgibst, den viele zum gemeinen Volk zählen, wird der Adel der Steppe dich meiden. Altan, der jüngste Sohn des großen Qutula Khans, wird sich dir ebensowenig anschließen wie die anderen wahren Fürsten. Du wirst dich entscheiden müssen, Temudschin. Doch wenn du dein Ziel, Herrscher über alle Mongolen zu werden, erreichen willst, wird dir kaum eine Wahl bleiben. Ohne die Unterstützung der Fürsten wirst du scheitern – oder aber einen langen blutigen Krieg mit ungewissem Ausgang führen müssen.«

Temudschin wußte, daß seine Mutter recht hatte. Doch es war Djamuqa selber, der die Trennung herbeiführte. Er beschuldigte ihn, sich ihm gegenüber nicht ehrerbietig genug zu verhalten und warf ihm außerdem noch vor, ihn nicht in den Rat der Edlen aufgenommen zu haben.

»Unter meinem Schutz stärkst du deine Truppen und vergrößerst deine Gefolgschaft, ohne mir jedoch die nötige Dankbarkeit zu erweisen!« hielt Djamuqa ihm in einem kurzen Gespräch voller Neid vor, obwohl er sehr wohl wußte, daß dies nicht der Wahrheit entsprach. Temudschin war auf seinen Schutz schon längst nicht mehr angewiesen.

Aber gerade das verdroß ihn ja so.

»Wenn das deine Meinung ist...«

»Hätte ich sie sonst ausgesprochen?« fauchte Djamuqa.

»...sollten sich unsere Wege besser trennen«, fuhr Temudschin kühl fort.

Mit verkniffenem Gesichtsausdruck funkelte Djamuqa ihn an. »Ja, das wäre wohl angebracht. Such dir eigene Weideplätze!« Und damit war der Bruch vollzogen.

Temudschin ließ schon am nächsten Tag das Lager abbrechen. Die Nachricht von der Trennung der ungleichen Blutsbrüder ließ die Steppenvölker aufhorchen. Und als Temudschin zu neuen Weideplätzen nahe der Schlangenberge zog, schlossen sich ihm viele in der Steppe verstreut lebende Klans und Stämme an. Temudschins Abkehr von Djamuqa ermunterte viele adlige Stammesfürsten, die sich bisher wegen Djamuqa von Temudschins Ordu ferngehalten hatten, mit ihm zu ziehen. Es kamen nun die Abkömmlinge der wirklich alten Mongolengeschlechter. Zu ihnen zählten Daaritai, ein Enkel des ruhmreichen Kabul-Khans, Kutchar, ein entfernter Verwandter Temudschins und ebenfalls vom Stamm der Bordjigin, sowie Altan, der Sohn Qutula Khans. Und ihnen wiederum folgten andere Stammeshäuptlinge, die sich gern im nahen Glanz dieser edlen Fürsten sonnten.

Temudschin, der Bundesgenosse des Kereiten-Khans, war somit zu einem, wenn auch nicht dominierenden, Machtfaktor in der Steppe geworden.

23

Unter den Steppenvölkern der Mongolei herrschte regelrechte Anarchie. Der eine Klan überfiel den anderen. Und wenn der Stamm eines Herrschers schwach wurde, fielen sogar die eigenen Bundesgenossen über ihn her. Die Nomadenvölker zerfleischten sich gegenseitig. Niemand war stark genug, um alle Klans und Stämme unter seiner Führung zu einer gigantischen Streitmacht zu vereinen.

Qutula, Temudschins Großonkel, war der letzte der Mongolenkhane gewesen, der gegen das mächtige Chin und die Tataren gekämpft hatte. Mit Wehmut erinnerten sich die Stammeshäuptlinge an jene große Zeit, als sie vereint gewesen waren. Und immer lauter wurden die Stimmen, die dazu aufforderten, endlich wieder einen Khan zu wählen.

Eine Zeitlang hatte es den Anschein, als sollte Djamuqa die Königswürde angetragen werden. Doch der Häuptling der Djadjirat fiel schnell aus der engeren Wahl. Vielen Stammesfürsten war er zu berechnend, unzuverlässig und herrisch. Das Gemeinwohl lag bei ihm in schlechten Händen.

Die Khanwürde hätte eigentlich Altan, Daaritai, Kutchar oder gar Ssatscha-Beg, der ein Vetter Daaritais war, gebührt. Sie alle standen in ihrer Herkunft noch höher als Temudschin. Doch diese Fürsten mißtrauten einander, und niemand war gewillt, den anderen als Khan über sich zu dulden.

Und so fiel die Wahl auf Temudschin. Nicht weil er mächtiger war als sie und sie ihn gefürchtet hätten, sondern weil sie ihn für einen vernünftigen Kompromiß hielten. Temudschin hatte einen ausgezeichneten Ruf, war großzügig und war bekannt dafür, daß er über die Vorrechte des Adels wachte und allen Edlen den nötigen Respekt entgegenbrachte.

Sie erwarteten von ihrem neuen Khan, daß er in Kriegszeiten ein ausgezeichneter Feldherr war und sich in Friedenszeiten willig lenken ließ. Und Temudschin schien all diese Voraussetzungen zu erfüllen.

Ein Qurultai, die Versammlung der Edlen der Stämme, wurde einberufen, bei der die Wahl des neuen Khans sorgfältig beraten wurde. Und alle entschieden sich für Temudschin.

Nachdem das Ergebnis der Abstimmung feststand, begab sich Altan mit einer Abordnung zu Temudschin und unterrichtete ihn von seiner Wahl zum Khan.

Temudschin ließ sich seine Gefühle nicht anmerken. Er wußte sehr wohl, weshalb man sich auf ihn geeinigt hatte. »Ihr wollt mich zu eurem Khan machen? Stände nicht dir dieser Titel zu, Altan? Und wie verhält es sich mit Daaritai, Kutchar und Ssatscha-Beg? Ihr alle habt zehnmal mehr Anrecht auf den Thron als ich!« wies er sie noch einmal nachdrücklich auf ihre eigenen Ansprüche hin.

Die vier Wahlmänner, von Altan angeführt, wiesen Temudschins Ansinnen höflich zurück und unterdrückten ein spöttisches Lächeln. Was sollten sie mit einem Titel, der zwar wohlklingend war, jedoch keine Macht beinhaltete?

»Wir wollen dich zum Khan machen«, sagte Altan im Namen der Wahlmänner zu Temudschin. »Wenn du Khan wirst, wollen wir an der Spitze gegen die Feinde anreiten. Der wertvollste Teil der Beute soll dir gehören. Wir werden dir die schönsten Mädchen und Frauen, die Palastjurte und die edelsten Pferde bringen. Und wenn du das Wild jagst, werden wir es dir zuerst zutreiben. Und wenn wir im Kampf deinen Befehlen nicht gehorchen, dann nimm all unseren Besitz und unsere Frauen und unser Leben. Unsere abgeschlagenen Köpfe sollen in den Sand fallen. Und wenn wir in Friedenszeiten deinen Bund verletzen, so nimm all unseren Besitz und verbanne uns in herrenloses Land!«

Temudschin wußte sehr wohl, daß sie nicht vorhatten, ihn mit der wirklichen Macht eines Khans auszustatten. Er sollte ihnen nur zum Sieg über ihre Feinde und damit zu reicher Beute verhelfen. Außerdem erwarteten sie, daß er für fette Weiden und ausreichende Jagdgelegenheiten sorgte – und sich darüber hinaus nicht in ihre persönlichen Angelegenheiten mischte. Aber all das störte ihn nicht. Er hatte seine eigenen Vorstellungen von einem Khan der Mongolen. Doch die behielt er vorerst für sich.

»Gut, ich will euer Khan sein«, sagte er zu den vier Fürsten, die auf seine Antwort warteten.

Temudschin war vierunddreißig Jahre alt, als man ihm 1189, im Jahr des Hahns, die Khanwürde antrug. Bevor seine Ernennung gebührend gefeiert wurde und die Stammeshäuptlinge ihm ewige Treue und Gefolgschaft schworen, wurde ein neuer Name für den Khan gesucht. Es mußte ein klangvoller Name sein, der nicht nur die ruhmreiche Vergangenheit der Mongolen in Erinnerung rief, sondern zugleich auch eine noch viel glanzvollere Zukunft für alle verhieß.

Dschingis Khan – das war der verheißungsvolle Name, für den sich Temudschin nach langer Überlegung schließlich entschied. In diesem Namen, der soviel bedeutete wie der Khan, ›der so groß und mächtig ist wie der Ozean‹, spiegelten sich seine Hoffnungen und ehrgeizigen Wünsche wider.

Glanzvoll war der neue Name, und ebenso glanzvoll war auch die Feier zu seiner Ernennung zum Khan. Die Schamanen warfen die Schulterblätter der geschlachteten Lämmer ins Feuer und weissagten, wie nicht anders zu erwarten war, dem neuen Khan eine ruhmreiche Zukunft.

Anschließend hoben die Stammesfürsten dem mongolischen Brauch entsprechend ihren gewählten Herrscher auf die königliche Decke aus weißem Filz, lösten ihre Gürtel zum Zeichen ihres Gehorsams und leisteten nacheinander den Treueschwur.

Viele Fürsten sahen in dieser Zeremonie jedoch nichts weiter als eine, wenn auch höfliche, leere Geste ohne schwerwiegende Folgen für sich selbst. Zwar war Dschingis Khan nun ein König, doch ihm fehlte die Macht eines solchen Herrschers.

Sie wußten nicht, daß Dschingis Khan sie bei ihrem Wort und Treueschwur zu nehmen gedachte. Doch noch nicht einmal er selbst ahnte, daß die Wirklichkeit eines Tages all seine kühnsten Erwartungen übertreffen und er Herrscher eines gigantischen Weltreiches werden sollte.

24

Toghril zeigte sich über die Ernennung seines Wahlsohnes zum Khan erfreut. Für seine geheimen Pläne konnte ein starker Bundesgenosse für ihn nur von Nutzen sein. Daß Dschingis Khan eines Tages zu stark und auch für ihn zu einer Gefahr werden konnte, daran glaubte er nicht.

Ärger und Neid erfüllten dagegen Djamuqa, als er durch Boten davon erfuhr. Hätte nicht vielmehr er, der Häuptling der Djadjirat, Anspruch auf diesen Titel gehabt? Doch andererseits, was besagte dieser Titel Khan schon? Nur ein kleiner Teil der Mongolenstämme hatte sich hinter Dschingis Khan gestellt. Die Zeit würde schon noch zeigen, wer von ihnen beiden der mächtigere Führer war. Und um Dschingis Khan in Sicherheit zu wiegen, nahm er dessen Wahl ohne Einspruch zur Kenntnis.

Djamuqa jedoch wartete nur auf einen Anlaß, um endlich gegen Dschingis Khan ins Feld ziehen zu können. Sein Haß verlangte nach einer Kraftprobe.

Den Anlaß zum Krieg lieferte sein eigener Bruder Taipar. Es passierte 1191, im Jahr des Ebers. Juqi Darmla, ein Verbündeter Dschingis Khans, befand sich mit einigen wenigen Begleitern auf der Jagd, als Taipar über das kleine unbewachte Lager herfiel und die Pferde davontrieb.

Als Juqi Darmla den Raub bemerkte, nahm er sofort die Verfolgung auf. Kurz nach Einbruch der Dunkelheit hatte er den Pferdedieb eingeholt. Es kam zu einem kurzen Gefecht.

Juqi Darmla jedoch war der bessere Bogenschütze, und er tötete Taipar mit einem Pfeilschuß, bevor er mit seiner Herde wieder heimkehrte.

Djamuqa schäumte vor Wut, als er vom Tod seines Bruders erfuhr.

»Dafür wird Dschingis Khan büßen!« schwor er. »Wir werden ihn und seine Krieger von der Steppe fegen!«

Als die Taigighut von dem geplanten Kriegszug gegen Dschingis Khan erfuhren, schlossen sie sich ohne zu zögern Djamuqa an. Targhutai wollte seinen Todfeind endlich vernichtet wissen. Zusammen mit zwölf weiteren Stämmen, die unter ihre Fahnen eilten, stellten sie eine 30000 Mann starke Reitertruppe auf, also drei Tümen.

Dschingis Khan ahnte nichts von Djamuqas Kriegsvorbereitungen. Der Djadjirathäuptling ging geschickt und mit höchster Vorsicht ans Werk. Er wollte seinen Blutsbruder überraschen und ihm keine Gelegenheit geben, sich auf diesen Krieg gründlich vorbereiten zu können.

Beinahe wäre der Überraschungsangriff geglückt. Fast im letzten Augenblick erspähten zwei Hirten Djamuqas Vorhut und eilten zu Dschingis Khan ins Lager, um ihn von ihrer alarmierenden Beobachtung zu berichten.

Dschingis Khan blieb nicht mehr viel Zeit. In aller Eile sammelte er seine Krieger und zog dann mit seinen dreizehn Tausendschaften dem anrückenden Feind entgegen. Er wußte, wie gering seine Chancen waren, die fast dreifach so starken Angreifer zu schlagen.

Es wurde eine furchtbare Schlacht. Dschingis Khans erste

Tausendschaft wurde bei dem wuchtigen Angriff fast bis auf den letzten Mann niedergemacht, und auch die anderen Guran mußten schreckliche Verluste hinnehmen.

Um ein sinnloses Gemetzel unter seinen Männern zu verhindern, gab Dschingis Khan den Befehl zum Rückzug. Er verschanzte sich mit seiner stark dezimierten Truppe in den Wäldern am Jerena-Paß. Hier konnten sie sich auch gegenüber einem zahlenmäßig weit überlegenen Gegner erfolgreich zur Wehr setzen.

Djamuqa und auch Targhutai dachten gar nicht daran, die Verfolgung aufzunehmen. Sie hatten einen großartigen Sieg errungen. Dschingis Khan hatte sich mit nur wenigen Guran retten können. Er war jetzt keine große Gefahr mehr. Mehr denn zuvor war er Khan ohne die wirkliche Macht eines Königs.

Mit zahlreichen Gefangenen kehrte Djamuqa in sein Ordu am Onon zurück, wo er seinen Sieg auf ganz eigene Art feierte. Er ließ die gefangenen Krieger zu Tode martern und weidete sich an ihren Qualen. Einen Guran-Anführer, der ihm in die Hände gefallen war, ließ er enthaupten. Und dann wurde der Kopf dieses tapferen Kriegers am Schwanz eines Pferdes durch den Sand geschleift.

Dschingis Khan hatte eine empfindliche Niederlage erlitten, doch Djamuqas Grausamkeiten verwandelten sie beinahe in einen Sieg. Viele Stämme, denen Djamuqas Herrschsucht und Grausamkeit zuwider war, wandten sich von ihm ab und liefen zu Dschingis Khan über, der sie mit allen Ehren empfing.

25

»Wir sollten zu Ehren unserer neuen Bundesgenossen ein großes Fest geben«, sagte Dschingis Khan in jenen Tagen, als immer mehr Klans aus Djamuqas Lager in sein Lager kamen, zu Ssatcha-Beg. »Und ich möchte, daß du mit mir zusammen Gastgeber bei diesem Fest bist.«

Ssatcha-Beg, der Häuptling der als sehr streitlustig bekannten Jurkin, war ein eitler Mann und nahm diese Ehre gern an. Schon längst bereute er, gemeinsam mit Altan und den anderen Wahlmännern Dschingis Khan die Königswürde angetragen zu haben. Er selbst hätte Khan werden sollen. Wie dumm war er doch gewesen zu glauben, Dschingis Khan würde sich mit der rein repräsentativen Rolle begnügen und sich leicht lenken lassen. Und es gefiel ihm von Tag zu Tag weniger, sich Dschingis Khan unterzuordnen.

Für dieses Fest wurde ein gewaltiger Aufwand getrieben. Keiner vermochte die Wagen, die Kumyß zum Festort brachten, zu zählen. Und über unzähligen Feuerstellen wurden Lämmer, Wild und andere Köstlichkeiten gebraten. Musikanten und Tänzerinnen bereiteten sich darauf vor, dem Fest mit ihren Darbietungen Glanzlichter aufzusetzen.

In dem großen Festzelt versammelten sich dann die Häuptlinge und Edlen der Stämme. Auf einer langen weißen Filzdecke häuften sich die köstlichen Speisen. Während Dschingis Khan auf der einen Seite der Filzdecke mit seiner Familie und seinen Vertrauten Platz nahm, ließen sich ihm gegenüber auf der anderen Seite Ssatcha-Beg und die anderen Stammeshäuptlinge mit ihren Frauen nieder.

Und das Fest begann.

Doch dann unterlief dem alten Mundschenk Chiquir, der schon unter Jesügei die Schalen gefüllt hatte, ein peinlicher Fehler. Anstatt nämlich zuerst Qorichin, Ssatcha-Begs Hauptfrau, zu bedienen, goß er den Nebenfrauen ein.

»Unverschämter Kerl!« schrie Qorichin auf, als sie das bemerkte. »Willst du mich beleidigen?«

Erschrocken setzte der alte Chiquir den Krug mit der gegorenen Stutenmilch ab. Er starrte auf den Becher, den er in der Hand hielt, dann zu Qorichin hinüber und wurde nun bleich. Jäh wurde ihm bewußt, welches Mißgeschick ihm da unterlaufen war. Eiligst trat er auf Ssatcha-Begs Hauptfrau zu, bereit sich gebührend für seinen Fehler zu entschuldigen.

Als der Mundschenk nun zu einer Entschuldigung ansetzte und in seiner Erregung nach den passenden Worten suchte, fiel Qorichin ihm kreischend ins Wort.

»Spar dir deine Worte!« schrie sie ihn an. »Ich werde dich lehren, wie du dich zu benehmen hast, elender Trottel! Ich lasse mich nicht beleidigen!«

Die Gespräche an der Festtafel verstummten. Alle Augen hatten sich auf Qorichin und den Mundschenk gerichtet, den sie nicht zu Wort kommen ließ.

Sie griff nach ihrer Peitsche und schlug heftig auf Chiquir ein, der es nicht wagte, vor ihren Schlägen zurückzuweichen. Er hob nur schützend die Arme vor sein Gesicht, während die Peitsche auf ihn niedersauste.

Dschingis Khan blieb ruhig. Es war nicht seine Sache, sich in diese Auseinandersetzung einzuschalten. Es war an Ssatcha-Beg, seine Frau zur Mäßigung zu mahnen und ihr die Peitsche aus der Hand zu nehmen. Doch der Häuptling der Jurkin unternahm nichts, aus welchen Beweggründen auch immer. Er ließ seine Frau gewähren.

Als Qorichin wie eine Besessene immer weiter auf ihn einschlug, blickte Chiquir hilfesuchend zu Dschingis Khan hinüber und rief wehklagend:

»Warum erlaubt man ihr, mich so zu schlagen? Bei Jesügei wäre mir das nie widerfahren!«

Dschingis Khan blieb nun nichts anderes übrig, als einzuschreiten. Er erhob sich und stellte sich schützend vor den Mundschenk.

»Das genügt!« sagte er mit befehlender Stimme zu Qorichin, die nun ihn wütend anfunkelte und dann die Peitsche zu Boden warf.

Schnell eilte Chiquir aus dem Zelt.

Die Gemüter hatten sich noch nicht beruhigt, als vor dem Zelt plötzlich wütende Schreie zu hören waren und einer der Wachen aufgeregt meldete: »Ein Jurkin hat versucht, Dschingis Khan zu bestehlen! Er hatte es auf das Zaumzeug seines edlen Rosses abgesehen!«

Ein Tumult brach aus. Dschingis Khan stürzte mit grimmiger Miene aus dem Festzelt. Er sah gerade noch, wie der Jurkinkrieger Buribökö sein Schwert zog und es Belgütai, der den Dieb auf frischer Tat ertappt hatte, über die Schulter hieb. Belgütai stürzte mit einer blutenden Schulterwunde.

Buribökö hatte seinem Stammesgenossen zur Flucht verhelfen wollen. Doch Dschingis Khans Männer packten den Dieb und zwangen ihn zu Boden.

Dschingis Khan beherrschte seinen aufwallenden Zorn. Die Jurkin drängten sich um Buribökö und nahmen eine drohende Haltung ein, während seine eigenen Männer darauf warteten, daß er den Befehl gab, sich auf die Jurkin zu stürzen, die seine Gastfreundschaft zu einem gemeinen Diebstahl hatten nutzen wollen.

»Du mußt etwas tun!« raunte Qasar seinem Bruder zu. »Dein Ansehen steht auf dem Spiel!«

»Keine Sorge, ich gedenke schon etwas gegen diese Frechheit zu unternehmen«, gab Dschingis Khan zurück. Doch Blut durfte auf keinen Fall fließen. Dann fiel sein Blick auf einen derben Holzschlegel, der zum Schlagen von Kumyß diente.

Ohne Hast legte Dschingis Khan sein Festgewand ab und griff nach dem hölzernen Schlagstock, während die Jurkin und seine eigenen Leute ihn verständnislos ansahen. Was hatte es zu bedeuten, daß der Khan sein kostbares Gewand wortlos ablegte und den Schlegel aufhob?

Qasar begriff zuerst, was Dschingis Khan zu tun gedachte. Und ein amüsiertes Lächeln huschte über sein Gesicht. »Prügelt sie aus dem Ordu!« rief er seinen Kameraden zu, hob einen zweiten Holzkloben auf und schritt mit seinem Khan zur Tat. Begeistert folgten Dschingis Khans Männer dem Beispiel ihres Herrschers, der nun mit kräftigen Hieben auf die überraschten Jurkin losging.

Ein unbeschreibliches Handgemenge war die Folge. Hunderte von Männern beteiligten sich an dieser wüsten Prügelei, und ihr wildes Geschrei erfüllte das Lager.

Die Jurkin wagten nicht, zu ihren Waffen zu greifen und verteidigten sich mit den Fäusten so gut sie konnten. Aber gegen die aufgebrachten Männer Dschingis Khans kamen sie nicht an. Sie wurden regelrecht aus dem Ordu getrieben. Und Dschingis Khan befand sich mitten in diesem Handgemenge. Mit seinem Holzschlegel schleuderte er Dutzende von Jurkinkriegern zu Boden.

Als die Jurkin schließlich aufgaben, zu ihren Pferden eilten und davonritten, warf Dschingis Khan den Kumyßschläger weg und sagte lakonisch: »Das wird ihnen eine Lehre sein. Und jetzt laßt uns das Fest fortsetzen!« Und damit begab er sich, von den Seinen umjubelt, zum Zelt zurück, zog sein Gewand wieder über und feierte mit den anderen Stammeshäuptlingen unbekümmert weiter, als hätte es diesen Zwischenfall nie gegeben.

Doch insgeheim machte er sich nichts vor. Es würde nicht leicht sein, sich mit Ssatcha-Beg und seinem Stamm wieder zu versöhnen.

26

»Die Tataren ziehen gegen die Chin in den Krieg!« Diese alarmierende Nachricht erreichte Dschingis Khan nur wenige Tage nach der Prügelei mit den Jurkin. Es war schwer zu glauben, daß die Tataren, die traditionellen Verbündeten der Chin, sich gegen den Goldenen Kaiser erheben sollten. Und doch verhielt es sich so.

Einer der mit Chin verbündeten Tatarenhäuptlinge, Sitschü, setzte sich an die Spitze der gegen den Goldenen Kaiser gerichteten Rebellion und drang mit seiner Armee tief in das Land der Chin ein.

Der chinesische Oberbefehlshaber Wan-yen Siang vermochte zwar die eingedrungenen Tataren zurückzuschlagen, doch sein Versuch, die Aufständischen weiter zu verfolgen und vernichtend zu schlagen, mißlang. Schwere Stürme vereitelten sein Unternehmen, und die Tataren konnten nach Norden entfliehen.

Nun erinnerte sich Wan-yen Siang an Dschingis Khan, von dem schon so manches an sein Ohr gedrungen war. Wie er wußte, betrachtete Dschingis Khan die Tataren als seine Todfeinde. Und er schickte deshalb eine Gesandtschaft zu dem Mongolenkönig, um ihn als Bundesgenossen bei seinem Feldzug gegen die Tataren zu gewinnen.

»Wir sollen die Schlappe der Chin ausmerzen?« belustigte sich Bo'ortchu, der mit Djelme, Qasar und Belgütai zu den engsten Beratern und Vertrauten des Khans gehörte.

»Soll das eine Beleidigung oder eine Ehre sein?« Qasar blickte mit grimmiger Miene in die Runde. »Haben die Chin vergessen, daß sie mehr als einen Ahnen von uns haben hinrichten lassen?«

»Die Erinnerung paßt sich bei Politikern und Feldherrn stets der jeweiligen Interessenlage an«, bemerkte Djelme spöttisch. »Die Chin brauchen Hilfe – und wer außer Dschingis Khan könnte sie ihnen gewähren?«

Dschingis Khan schwieg. Er wußte, wovon sein Bruder Qasar sprach. Er hatte nicht vergessen, was die Chin seinem Geschlecht angetan hatten. Die Geschichte der Mongolen wurde nicht schriftlich festgehalten, sondern mündlich an die nächste Generation weitergegeben. Und jeder stolze Mongole kannte seine Ahnen bis ins siebte, achte Glied. Dschingis Khan vermochte seine ruhmreichen Ahnen sogar bis ins vierundzwanzigste Glied zurückzuverfolgen. Nein, die Taten vergangener Generationen waren nicht vergessen, sondern lebten weiter.

Jesügei hatte seinen Kindern oft von dem Verrat der Tataren und der Chin erzählt. Der große Kabul Khan war vergiftet worden, und zwei andere Herrscher aus dem Stamm waren von den Chin gepfählt und hingerichtet worden. Und jedesmal hatten die Tataren den Chin dazu verholfen, ihre Widersacher auf diese Weise aus dem Weg zu schaffen.

»Nichts ist vergessen«, sagte Dschingis Khan nun. »Doch Djelme hat recht. Auch wir werden so handeln. Man kann nicht alle Feinde auf einmal vernichten. Noch sind wir zu schwach, um ins Land der Chin einfallen zu können. Doch wir sind stark genug, um unsere Todfeinde, die Tataren, zu unterwerfen. Ich habe geschworen, den Tod meines Vaters zu rächen. Und die Gelegenheit ist günstig.«

Bo'ortchu nickte zustimmend. »Richtig, immer einer nach dem anderen. Irgendwann einmal werden die Chin bereuen, sich mit uns gegen ihre ehemaligen Vasallen verbündet zu haben. Aber dann wird es zu spät sein.«

»Wir sollten uns auch Toghrils Unterstützung versichern«, sagte Qasar. Dschingis Khan lächelte. »Der alte Falke wird nicht einen Augenblick zögern, sich uns anzuschließen. Ich kenne keinen, der so nach Beute giert wie Toghril. Schicken wir also einen Boten zu ihm.«

Der Khan der Kereiten näherte sich schon seinem siebzigsten Lebensjahr, doch noch immer brannte in ihm die Kriegslust. Und die Aussicht auf reiche Beute ließ seine noch klaren scharfen Augen, die in tiefen Höhlen lagen, gierig aufblitzen. Er schickte Dschingis Khans Boten mit seiner begeisterten Zusage zurück, mobilisierte seine Truppen und fand sich schon bald in Dschingis Khans Lager ein.

Eisige Winterstürme fegten über die Steppe, als die vereinten Reiterheere die Verfolgung der Tataren aufnahmen, die sich am Oberlauf des Uldja zurückgezogen hatten. Sie erwarteten einen Angriff von der Ebene aus und hatten ihre Verschanzung dementsprechend ausgerichtet.

Dschingis Khan jedoch dachte gar nicht daran, seine Truppen vor den Barrikaden verbluten zu lassen. Er umging die Tataren und führte seine Krieger über die schneebedeckten Berge in den Rücken der Feinde.

Als nur noch ein flacher Bergrücken zwischen ihnen und den Tataren lag, ließ Dschingis Khan seine Reiter in Schlachtordnung antreten.

Die Krieger stellten sich jeweils in Tausendschaften auf, hundert Reiter breit und zehn Reihen tief. Die Reiter an den Flanken und in der vordersten Reihe waren besonders geschützt. Sie trugen Rüstungen aus eisernen Platten, die von starken Riemen zusammengehalten wurden. Und dicke Lederpanzer schützten die Leiber der Pferde.

Und dann rückten die Tausendschaften vor.

Die Tataren erschraken, als sie die gewaltige Streitmacht über den Bergkamm herunterreiten sahen. Hastig formierten auch sie sich zur Schlacht.

Die Heere prallten aufeinander.

Normalerweise wäre es nun zu einem wilden Kampf Mann gegen Mann gekommen. Doch Dschingis Khans Tausendschaften blieben zusammen. In geschlossener Formation vollzogen die Guran ihre militärischen Manöver, durchbrachen die Reihen der Tataren und verhinderten immer wieder, daß sich die aufgesplitterten feindlichen Truppen wieder sammeln konnten. Wie perfekte Kampfmaschinen jagten die Tausendschaften heran, schleuderten ihre Speere und ließen einen konzentrierten Pfeilhagel auf die Tataren niedergehen.

Das Tatarenheer wurde geschlagen. Als Wan-yen Siang mit seinen Truppen die Uldja erreichte, kamen ihm Dschingis Khan und Toghril schon auf halbem Weg entgegen – mit der Siegesnachricht.

Der Goldene Kaiser zeigte seine Dankbarkeit, indem er Toghril und Dschingis Khan Ehrentitel verlieh. Natürlich erhielt der Kereiten-Khan den klangvolleren – wie er sich auch von der Beute den größten Teil gesichert hatte. Doch Dschingis Khan ließ ihn ohne ein Zeichen des Unmuts gewähren. Noch war er Toghrils Schützling und ihm untergeordnet – und in dem Glauben ließ Dschingis Khan ihn auch. Die Wirklichkeit sah jedoch anders aus. Die Macht glitt immer mehr in die Hände des jungen Feldherrn hinüber.

Toghril erkannte die Entwicklung in seiner Überheblichkeit noch nicht, doch andere Stammeshäuptlinge beobachteten Dschingis Khans wachsende Macht mit Argwohn. Hier wuchs ein Mann heran, der nicht nur einen scheinbar unstillbaren Machthunger besaß, sondern auch die Fähigkeiten einer außerordentlichen Führerpersönlichkeit. Ihm konnte gelingen, was vielen anderen mächtigen Fürsten trotz größter Anstrengungen stets verwehrt geblieben war – nämlich Herrscher über die ganze Mongolei zu werden.

27

Das Lager bot ein Bild des Grauens und der Verwüstung. Kaum ein Zelt stand unbeschädigt. Die meisten waren in Flammen aufgegangen. Noch immer stieg Rauch von den schwelenden Hölzern auf. Umgekippte Karren, aufgeschlitzte Kumyßschläuche und zerfetzte Decken und Stoffe lagen überall herum. Und dazwischen die Leichen von alten Frauen und Kindern, manche von ihnen unter den Trümmern verkohlter Jurten begraben. Dschingis Khans Ordu existierte nicht mehr.

»Elender Verräter!« stieß Bo'ortchu mit haßerfüllter Stimme hervor, als er an Dschingis Khans Seite durch das zerstörte Lager ritt.

Dschingis Khan schwieg. Sein Gesicht war zu einer Maske erstarrt und schien ausdruckslos. Doch in seinen Augen stand ein kalter Glanz, während er sich dieses schreckliche Bild der Vernichtung einprägte.

»Überfallen von unseren eigenen Gefolgsleuten«, murmelte Bo'ortchu, der das Geschehene noch immer nicht fassen konnte. »Von Männern, die dir ewige Treue geschworen haben. Gibt es einen schändlicheren Verrat?«

Dschingis Khan brach nun sein Schweigen. »Sie werden dafür bezahlen, Bo'ortchu!«

Als Dschingis Khan zum Feldzug gegen die Tataren aufgebrochen war, hatte er fast alle Krieger mitgenommen und das Ordu ungeschützt zurückgelassen. Die mit ihm verbündeten Stämme in der Umgebung des Lagers würden schon für Schutz sorgen. Das hatte er mit Recht erwarten können.

Doch Ssatcha-Beg nahm die günstige Gelegenheit wahr und fiel mit seinen ›unbesiegbaren‹ Jurkin über das schutzlose Ordu her, raubte Frauen und Kinder und bemächtigte sich des gesamten Hab und Guts. An seinen Treueschwur dem Khan gegenüber verschwendete er keinen Gedanken. Längst war ihm Dschingis Khan zu mächtig geworden, und es schien ihm an der Zeit, den Mann, den er zu seinem Ärger auch noch mit zum Khan gewählt hatte, auf das richtige Maß zurechtzustutzen. Er hielt sich für stark genug, um es mit Dschingis Khan aufzunehmen.

Das sollte sich als Irrtum erweisen.

Dschingis Khan nahm mit seinen Kriegern augenblicklich die Verfolgung der angeblich unbesiegbaren Jurkin auf. Schließlich stellte er sie am Zusammenfluß von Sengur und Kerulen. Seine Truppen fielen mit einem mörderischen Haß über die Jurkin her und fügten ihnen in einem blutigen Gefecht eine vernichtende Niederlage zu.

Von Dschingis Khans Tausendschaften umzingelt und stark dezimiert, ergaben sich die Unbesiegbaren schließlich. Auch Ssatcha-Beg fiel dem Khan lebend in die Hände.

»Hast du deinen Schwur vergessen?« herrschte Dschingis Khan den Verräter an, als man den Jurkinhäuptling zu ihm brachte. Abgrundtiefe Verachtung lag in seinem Blick.

Ssatcha-Beg schwieg. Es war für ihn ein Schock, daß Dschingis Khan seine Truppen so endgültig geschlagen hatte. Und ihm war klar, daß der Tod auf ihn wartete.

»Erinnerst du dich noch an eure Worte, als ihr zu mir kamt und mich batet, euer Khan zu sein?« fuhr Dschingis Khan mit schneidender Stimme fort.

Ssatcha-Beg war zu stolz, um Gnade zu erbitten. Dschingis Khan würde sie auch nicht gewährt haben. Dafür war sein Verrat zu schändlich gewesen.

Und so antwortete Ssatcha-Beg mit ruhiger Stimme. »Ja. Ich erinnere mich sehr gut. Richte mich also nach unseren

Worten!« forderte er ihn auf, kniete sich hin und beugte den Kopf.

Dschingis Khan zögerte nicht lange. Ein knapper Befehl, und ein Krieger trat mit seinem Schwert in der Hand neben den am Boden Knienden. Mit einem wuchtigen Schlag enthauptete er Ssatcha-Beg.

»Nehmt seinen Kopf und werft ihn in die Steppe!« befahl Dschingis Khan. »Damit jeder weiß, daß ich mein Wort halte – sowohl im Guten als auch im Schlechten!«

Nach der Hinrichtung ihres Anführers ließ Dschingis Khan die gefangenen Jurkinkrieger einzeln vor sich hintreten. Ein jeder mußte den Treueschwur auf ihn leisten. Dann wurden die Jurkin auf die verschiedenen Guran aufgeteilt und in die Truppe aufgenommen. Damit hatten die Jurkin als eigenständiger Stamm aufgehört zu existieren. Dieses Verfahren, besiegte Feinde in seine Verbände zu übernehmen, sollte Dschingis Khan später immer wieder praktizieren – und zwar mit großem Erfolg.

28

Zu den Weideplätzen zurückgekehrt, ließ Dschingis Khan seinen Halbbruder Belgütai zu sich ins Zelt rufen. »Wie steht es um deine Schulterwunde?« erkundigte er sich.

Belgütai sah ihn verwundert an. »Du meinst die, die mir der Jurkin zufügte, als ich den Dieb auf frischer Tat ertappte?«

Dschingis Khan nickte.

Belgütai lachte. »Alles in Ordnung. Die Wunde ist gut verheilt.«

»Dann fühlst du dich also gesund und stark?« wollte der Khan wissen.

»Besser denn je. Weshalb fragst du?«

»Man hat mich davon unterrichtet, daß sich Buribökö unter den Männern befindet, die wir in unsere Truppen eingegliedert haben«, erklärte Dschingis Khan und musterte Belgütai forschend. »Ich dachte, es würde dich interessieren, das zu erfahren.«

»Und ob mich das interessiert!« knurrte Belgütai.

»Ich könnte ihn hinrichten lassen...«, begann Dschingis Khan zögernd.

»Nein!« fiel Belgütai ihm ins Wort.

Dschingis Khan lächelte, als er den zornigen Blick seines Halbbruders bemerkte. Er wußte, daß Belgütai die ihm zugefügte Schmach nicht vergessen hatte und darauf brannte, sich zu rächen.

»Ich werde mit ihm abrechnen«, sagte Belgütai. »Das ist meine Angelegenheit.«

»Wie wäre es mit einem Ringkampf«, schlug Dschingis Khan vor. »Ihr könnt eure Kräfte in einem ordentlichen Zweikampf messen.«

Belgütai zog die Augenbrauen hoch. »Ein Ringkampf auf Leben und Tod?«

Dschingis Khan erwiderte gelassen: »Das bleibt ganz dir überlassen.«

»Einverstanden.«

»Unterschätze deinen Gegner nur nicht«, mahnte Dschingis Khan ihn. Nicht von ungefähr bedeutete der Name Buribökö soviel wie ›Kämpfender Wolf‹. Der Jurkin war ein ungewöhnlich kräftiger Mann. »Man sagt von ihm, er könne einen Stier mit seinen Händen erdrosseln.«

»Er wird es mit keinem Stier, sondern mit mir zu tun haben«, entgegnete Belgütai ungerührt.

Am Nachmittag desselben Tages fand der Ringkampf zwischen den beiden Männern statt. Dschingis Khan hatte eine günstige Stelle in den Hügeln vor dem Lager ausgewählt, damit genügend Krieger bei diesem Kampf zuschauen konnten. Die Leute ergingen sich in Wetten darüber, wer wohl siegen würde. Belgütai war von hoch gewachsener, sehniger Gestalt und als zäher Kämpfer bekannt. Doch Buribökö hatte eher die Proportionen eines Ringers, ein wenig untersetzt, stämmig und muskelbepackt. Sie warteten am Fuß der Hügel darauf, daß Dschingis Khan das Zeichen zum Anfangen gab. Sie hatten nicht ein Wort miteinander gewechselt.

»Derjenige ist Sieger dieses Ringkampfes, dem es gelingt, den anderen in die Rückenlage zu bringen und seine Schulter zu Boden zu drücken!« verkündete Dschingis Khan die simple Regel dieses Zweikampfes. Dann setzte er sich auf die weiße Filzdecke, die seine Diener im Gras ausgebreitet hatten, die Sonne im Rücken.

Der Kampf konnte beginnen.

Belgütai und Buribökö umkreisten einander einige Augenblicke, beobachteten einander und suchten nach einer günstigen Gelegenheit, den anderen mit einem raschen Angriff aus dem Gleichgewicht zu bringen.

Es war Buriböko, der als erster die Initiative ergriff. Er hatte vor Belgütai keine Angst und war überzeugt, kräftiger zu sein als sein Gegner. Als man ihn von dem Ringkampf unterrichtet hatte, war er unendlich erleichtert gewesen. Er hatte nämlich schon damit gerechnet, daß man ihn wegen jenes Schwerthiebes einfach hinrichten ließ. Gewann er diesen Zweikampf, woran er nicht einen Augenblick zweifelte, war sein Leben gerettet. Jeder wußte, daß Dschingis Khan zu seinem Wort stand.

Belgütai entwand sich geschickt dem eisernen Griff des Jurkin und sprang zur Seite, während er ihm gleichzeitig einen schmerzhaften Schlag in die Seite versetzte.

Überrascht fuhr Buriböko herum und warf sich nun mit voller Wucht auf ihn, riß ihn zu Boden und versuchte all seine Kräfte in den einen Wurf zu legen, der notwendig war, um seinen Gegner auf den Rücken zu werfen.

Doch Belgütai war gewandt und kräftiger, als es vorher den Anschein gehabt hatte. Er rammte Buriböko die Fäuste in den Magen, stieß mit seiner Schulter vor – und war schon wieder frei.

»Was ist? Bist du lahm geworden, Kämpfender Wolf?« höhnte Belgütai, als Buriböko sich schwer atmend aufrichtete. »Du wirst den Platz hier nicht lebend verlassen, das schwöre ich dir!« Seine Stimme war ein zwischen den Zähnen hervorgestoßenes Flüstern, und niemand außer Buriböko hörte seine Worte.

Der Jurkin erkannte, daß Belgütai um jeden Preis sein Blut wollte und daß dieser Kampf mit einem Schulterwurf sicherlich nicht beendet sein würde. Es ging auf Leben und Tod.

Belgütai griff mit eiskalter Entschlossenheit an. Immer wieder zwang er Buribökö zu Boden und erschöpfte allmählich dessen Kräfte. Er wußte, daß er selbst ungeheuer ausdauernd war und einen langen kräftezehrenden Kampf mühelos durchstehen konnte. Nicht jedoch so Buribökö.

Die Arme erlahmten ihm. Und in seine Wut, weil Belgütai sich einfach nicht fallen ließ, mischte sich aufsteigende Panik. Die Stimmen, die ihn am Anfang des Ringkampfes noch angefeuert hatten, waren längst verstummt. Dafür wurden nun Hohnrufe laut.

Hin und her wogte der Kampf. Mehrmals wälzten sie sich über den Boden, ineinander verschlungen und verbissen wie Wölfe kämpfend. Und von Mal zu Mal geriet Buribökö näher an den Rand der Niederlage.

Plötzlich schleuderte Belgütai ihn zu Boden. Buribökö schlug mit dem Gesicht ins Gras, lag bäuchlings unter seinem Gegner. Seine Lungen hämmerten wie wild, sein zerschundener Körper schmerzte, und ihm wurde klar, daß er den Kampf nicht mehr gewinnen konnte.

In seiner Verzweiflung krallte er sich in den Boden und widersetzte sich allen Versuchen, ihn zum Kämpfen zu bringen. Hatte Dschingis Khan nicht gesagt, daß nur derjenige Sieger sei, der den anderen mit der Schulter zu Boden zwingt? Und wenn Belgütai es nicht schaffte, ihn umzudrehen – war dann der Kampf nicht zumindest unentschieden?

»Steh auf, du Feigling!« zischte Belgütai, als der Jurkin keine Anstalten machte, sich zu wehren. Er stemmte sich mit den Füßen in die Erde und grub die Finger tief ins Gras, als wollte er nie mehr loslassen.

Die Zuschauer reckten die Hälse, um besser zu sehen, was da unten vor sich ging. Die ersten Unmutsäußerungen wurden laut. Warum rührte sich der Jurkin nicht von der Stelle? Was soll das? Das war doch kein Ringkampf!

Belgütai bedachte Buriböko mit den schlimmsten Beleidigungen, doch der Jurkin verharrte verzweifelt in dieser feigen, defensiven Haltung.

Weil er sich keinen Rat mehr wußte, blickte Belgütai zu Dschingis Khan hinüber. Eine stumme Frage lag in seinem Blick. Der Khan verstand, biß sich auf die Unterlippe und nickte knapp.

Belgütai kniete sich nun auf den am Boden Liegenden, legte die Hände unter Burikökös Hals, stemmte ihm ein Knie in den Nacken – und riß ihm den Kopf mit einem schnellen Ruck nach hinten. Es klang wie das Splittern eines Astes, als das Rückgrat brach.

Einen Augenblick herrschte bedrückende Stille. Dann sprangen die Zuschauer auf, stürzten hinunter in die Mulde und umringten Belgütai und den sterbenden Jurkin. Fassungslos starrten sie auf den Mann, der einmal der Stärkste seines Volkes gewesen war.

Als Buriböko kurz darauf starb, schleifte Belgütai den Leichnam hinaus in die Steppe und ließ ihn dort liegen. Für einen jeden als warnendes Beispiel.

29

Inantch-bilgä, der Häuptling der Naiman, hatte Sorgen. Nachdenklich saß er im Kreis seiner Berater und engsten Vertrauten. Gedankenverloren spielten seine Hände mit einem goldenen Trinkbecher.

»Wir müssen etwas unternehmen«, sagte er schließlich. »Das Gleichgewicht muß wiederhergestellt werden. Wenn wir jetzt nicht einschreiten, werden wir es eines nicht fernen Tages bereuen.« Inantch-bilgä war nicht nur ein tapferer Krieger, sondern auch ein vorausschauender Mann. Und bei den in seinem Zelt versammelten Männern fanden seine Worte ungeteilte Zustimmung.

Das Volk der Naiman lebte in der westlichen Mongolei, und seine Krieger hatten sich einen Namen als verwegene Kämpfer gemacht. Die Naiman betrachteten es als ihre Aufgabe, stets für ein ausgewogenes Verhältnis zwischen den mächtigsten Stämmen zu sorgen. Und immer dann, wenn diese Ausgewogenheit in Gefahr geriet, weil ein Volk zuviel Macht bekam, schalteten sie sich ein und warfen ihre Armee gegen jene Macht in den Kampf, die zu übermächtig zu werden drohte

»Die Frage ist jetzt nur«, sagte einer der Berater des Häuptlings, »wen von den beiden wir angreifen sollen – Toghril oder Dschingis Khan. Für beide spricht einiges.«

»Noch ist Dschingis Khan Toghrils Vasall, obwohl ich darauf nicht viel gebe«, sagte Inantch-bilgä spöttisch. »Und so erscheint es mir klüger, zuerst den alten Toghril zu bekriegen. Der Sieg über die Tataren hat ihn allzu selbstherrlich werden lassen.«

»Dschingis Khan genießt großes Ansehen«, warf einer der Männer ein. »Er ist ein gerechter Herrscher, was man von Toghril wahrlich nicht behaupten kann.«

»Gerecht oder nicht«, erwiderte Inantch-bilgä ungerührt. »Wenn Dschingis Khan noch mächtiger wird, werden wir auch ihn angreifen müssen. Vielleicht wäre es sogar ratsamer, ihm jetzt schon eine empfindliche Niederlage beizubringen – solange dazu noch Gelegenheit ist. Immer mehr Stämme schließen sich ihm an. Ich beobachte seinen Aufstieg mit großer Sorge. Er hat das Zeug dazu, uns alle in die Knie zu zwingen, wenn man ihm nur genügend Zeit gibt.«

»Was wir nicht tun werden!«

Der Naimanhäuptling nickte zustimmend. »Nein, das werden wir bestimmt nicht. Doch zuerst nehmen wir uns Toghril vor.« Das Gebiet der Naiman grenzte im Osten an das Land der Kereiten. Das war auch ein Grund, weshalb sie sich zuerst gegen Toghril wandten.

Toghril, der sich noch immer im Sieg über die Tataren sonnte und sich in seinem Stammesland sicher fühlte, wurde von den Armeen der Naiman überrascht und nach einem für die Kereiten ungeheuer verlustreichen Gefecht vom Thron gestürzt. Mit nur einer Handvoll Getreuen gelang ihm die Flucht. Als neuen Khan der Kereiten setzten die Naiman seinen Bruder Erke-qara ein, der sich von ihnen willig lenken ließ.

Dschingis Khan erhielt keine Gelegenheit, den bedrängten Kereiten zur Hilfe zu eilen. Toghrils Truppen waren schon geschlagen, als er Nachricht vom Angriff der Naiman erhielt. Sofort versetzte er seine Armeen in Gefechtsbereitschaft, denn er sah voraus, daß Inantch-bilgä nun gegen ihn ins Feld ziehen würde.

Und so geschah es auch. Die Naiman griffen Dschingis Khan an und bedrängten ihn stark, vermochten seine hervorragend ausgebildeten Reiterheere jedoch nicht zu schlagen. Dennoch hatte Dschingis Khan große Mühe, dem ständigen Druck der Naiman standzuhalten.

Als Inantch-bilgä zu der Überzeugung gelangte, das politische Gleichgewicht der Mongolei sei wiederhergestellt, zog er sich mit seinen Truppen in sein Land zurück.

30

Zwei schrecklich lange Jahre befand sich Toghril auf der Flucht. Mit seiner kläglichen Gefolgschaft zog er durch die südliche Gobi und war auf die Gastfreundschaft kleinerer Stämme, auf die er während seiner Wanderschaft traf, angewiesen.

Doch kein Klan wollte sich mit den Naiman anlegen. Toghril war ein alter Mann ohne Macht. Und so gab man ihm und den wenigen Leuten, die noch immer zu ihm hielten, bald zu verstehen, daß sie doch weiterziehen möchten.

Es war Dschingis Khan, der ihn schließlich vor dem Hungertod rettete. Toghril war zu stolz gewesen, um sich an seinen Wahlsohn zu wenden und um Hilfe zu bitten. Als Dschingis Khan nun erfuhr, daß Toghril nicht allzuweit von seinem Lager gesehen worden war, schickte er Boten aus und lud ihn zusammen mit seinen halbverhungerten Männern ein, sein Gast zu sein.

Dschingis Khan hatte Mühe, seine Betroffenheit zu verbergen, als er Toghril schließlich in seinem Ordu begrüßte. Der ehemalige Khan der Kereiten sah aus wie ein Bettler. Er trug nur noch Fetzen an seinem ausgemergelten Körper. Die zwei Jahre hatten tiefe Spuren in seinem Gesicht hinterlassen, das nur noch aus faltiger Haut und spitzen Knochen zu bestehen schien.

Doch so schnell war der alte Falke nicht tot zu kriegen. Ruhe und reichhaltiges Essen ließen ihn schnell wieder zu Kräften kommen. Und nach wenigen Tagen in Dschingis Khans Lager begann er schon wieder Pläne zu schmieden.

»Es ist nicht das erste Mal, daß man mich davongejagt und geglaubt hat, ich sei erledigt!« prahlte er, als er zusammen mit Dschingis Khan speiste. Kräftig langte er zu. Er schien fast stolz darauf zu sein, daß sein Volk sich gegen ihn erhoben hatte. Und das berührte Dschingis Khan unangenehm.

»Dein Bruder Erke-qara...«, begann Dschingis Khan.

Toghril fiel ihm ins Wort und machte mit der Lammkeule eine wegwischende Geste. »Ach, mein Bruder!« rief er verächtlich. »Vergiß, daß es ihn überhaupt gibt. Ein Schwächling, aber machthungrig bis zu den Ohren. Ich wußte schon immer, daß es ihn nach der Khanwürde gelüstet. Aber er war zu feige, um irgend etwas zu unternehmen, solange ich auf dem Thron saß. Nein, mein Bruder ist nichts als Wachs in den Händen der Naiman. Er wird Hals über Kopf die Flucht ergreifen, wenn er nur hört, daß wir gegen ihn ins Feld ziehen.«

Dschingis Khan hob überrascht die Augenbrauen. Und ein belustigtes Lächeln lag um seine Mundwinkel. »Wer sagt denn, daß wir gegen ihn ins Feld ziehen?«

Toghril sah ihn beinahe empört an. »Zweifelst du etwa daran? Du bist mein Wahlsohn, Dschingis Khan. Hast du vergessen, daß wir uns ewige Treue und gegenseitige Hilfe geschworen haben?«

»So etwas vergesse ich nie!« erwiderte Dschingis Khan fast schroff, lenkte dann aber mit versöhnlicher Stimme ein: »Warum bist du nicht schon viel früher zu mir gekommen?«

»Das tut jetzt nichts zur Sache«, brummte Toghril und riß mit seinen Zähnen das Fleisch vom Knochen. »Willst du mir nun beistehen oder nicht?«

»Stand das jemals in Frage?«

»Dann wirst du mir also helfen, meinen Bruder aus dem Land zu jagen?«

Dschingis Khan nickte. Seine Sympathie zu Toghril hatte in den letzten Jahren beträchtlich abgenommen. Aber ein mächtiger Toghril war ihm – aus Gründen politischer Zweckmäßigkeit – noch immer lieber als ein mit den Naiman verbündeter Kereitenkhan.

Bevor Dschingis Khan mit seiner Armee 1199, im Jahr des

Widders, ins Land der Kereiten einfiel, griff er noch einmal die Merkiten an. Die reichhaltige Beute überließ er großzügig Toghril, damit dieser über genügend Mittel verfügte, um seine kleine Kriegerschar für das Gefecht gegen seinen Bruder ausrüsten zu können.

Erke-qara hielt dem Angriff der beiden Verbündeten nicht lange stand. Er unterlag in der entscheidenden Schlacht, und Toghril wurde wieder Khan über die Kereiten im Schwarzen Wald.

»Und jetzt nehmen wir an den Naiman Rache!« verkündete Toghril, als er die Zügel der Macht wieder fest in den Händen hielt und sich für einen Gegenschlag stark genug fühlte. Natürlich baute er bei seinem Plan auf Dschingis Khans Unterstützung, der sie ihm auch nicht versagte.

Gleichzeitig wandte sich der alte gerissene Fuchs auch noch an Djamuqa und bat ihn, sich mit seinen Truppen am Kriegszug gegen die Naiman zu beteiigen. Toghril war es ganz recht, daß Djamuqa und Dschingis Khan sich haßten, auch wenn zwischen ihnen augenblicklich so etwas wie ein Waffenstillstand herrschte. Toghril hatte mittlerweile erkannt, daß sich die Seiten längst verkehrt hatten und Dschingis Khan nicht mehr sein Vasall war, dem er Befehle erteilen konnte. Im Gegenteil, schon die Strategie des letzten Feldzuges hatte ganz in Dschingis Khans Hand gelegen, auch wenn er alles unternommen hatte, um es ihn, Toghril, nicht spüren zu lassen.

Toghril bewunderte und mißtraute Dschingis Khan gleichzeitig. Er war stolz auf das, was sein Wahlsohn erreicht hatte.

Doch wenn er an Sängün, seinen eigenen Sohn dachte, der neben einem Mann wie Dschingis Khan völlig verblaßte, nagten Neid und Eifersucht an ihm.

»Es ist gut, wenn auch Djamuqa an diesem Feldzug teilnimmt«, sagte sich Toghril. »Das wird Dschingis Khans Übermut dämpfen und den Ruhm des Sieges auf uns drei verteilen.«

Daß sich Djamuqa ihnen mit seinen Djardjirat anschloß, war Dschingis Khan nicht allzu recht. Andererseits war es wiederum von Vorteil, eine gewaltige Streitmacht gegen die Naiman ins Feld führen zu können. Und so akzeptierte er Toghrils Wunsch.

In der Zwischenzeit hatte es auch bei den Naiman recht einschneidende Veränderungen gegeben. Inantch-bilgä war verstorben und hatte das Reich seinen beiden Söhnen Buyurug und Taibuqa hinterlassen. Die Brüder hatten sich geeinigt, das Land unter sich aufzuteilen. Nun herrschte Buyurug über die Region zwischen dem Altai-Gebirge bis zum Karakorum, während sein jüngerer Bruder Taibuqa über die in der Ebene ansässigen Naiman regierte.

Der Angriff der drei so unterschiedlichen Verbündeten richtete sich zuerst gegen Buyurug, der einer Schlacht jedoch auswich und mit seinen Truppen über das Altai-Gebirge nach Süden flüchtete. Die gewaltige Überzahl der anrückenden Feinde machte ihn bei einem Gefecht von vornherein zum sicheren Verlierer. Und so versuchte er zu entkommen und seine Verfolger so lange hinzuhalten, bis ihm sein Bruder mit seinem Heer zur Hilfe eilen konnte.

Doch Dschingis Khan, Toghril und Djamuqa wußten die Vereinigung der beiden brüderlichen Heere zu verhindern, wobei es Dschingis Khan war, der seine Bundesgenossen zur Eile antrieb und ihnen vor Augen hielt, wie wichtig es doch war, Buyurug so schnell wie möglich zu stellen.

Es wurde eine lange Verfolgung, die sie über Eisgletscher und verschneite Bergpässe führte. Am Oberlauf des Urungu zwangen sie Buyurugs Armee schließlich zur Schlacht – und rieben sie völlig auf. Buyurug gelang es jedoch, im Getümmel des Gemetzels unerkannt zu entkommen.

Wie von Toghril und Djamuqa nicht anders zu erwarten gewesen war, stürzten sie sich, noch ehe die Naiman vollends geschlagen waren, auf die Beute und brachten den größten Teil an sich. Dschingis Khans Truppen dagegen kämpften mit der ihnen eigenen Disziplin. Der Khan hatte ihnen strengstens verboten, Jagd auf Beute zu machen, solange das Gefecht nicht beendet war.

Um den gefährlichen Winterstürmen auszuweichen, zogen die drei Heere nach Osten. Und plötzlich standen sie einer zweiten, besser ausgerüsteten Naimanarmee gegenüber. Taibuqa war mit seinen Truppen, kaum daß er vom Angriff Dschingis Khans erfahren hatte, aufgebrochen, um seinem bedrängten Bruder zur Seite zu eilen.

Toghril und Djamuqa waren des Kämpfens überdrüssig. Sie hatten den Naiman eine empfindliche Niederlage zugefügt und außerdem gewaltige Beute gemacht. Sie bedrängten Dschingis Khan, den Feldzug nun abzubrechen und in die Heimat zurückzukehren.

Doch Dschingis Khan widersprach ihnen heftig. »Ich bin nicht für halbe Sachen!« erklärte er ungehalten. »Wenn wir uns jetzt zurückziehen, verschenken wir den Sieg. Wir müssen die Naiman endgültig schlagen. Wenn wir das nicht tun, werden sie weiterhin eine nicht zu unterschätzende Gefahr sein. Und vergiß nicht, Toghril, daß ihr Land an deines grenzt. Sie werden auf Rache sinnen und dich eines Tages erneut überfallen – unerwartet wie der Blitz!«

Toghril befürchtete, seine zahllosen Wagen mit unermeßlicher Beute wieder zu verlieren. Doch schließlich stimmte er Dschingis Khan zu.

»Gut, ziehen wir morgen gegen Taibuqa in die Schlacht«, sagte er verdrossen. »Doch jetzt ist es für ein Gefecht schon zu spät. Es dunkelt. Soll der morgige Tag die Entscheidung bringen!«

Dieser Auffassung war auch Taibuqa. Und so schlugen die beiden feindlichen Heere in angemessener Entfernung voneinander das Nachtlager auf. Die Armeen von Dschingis Khan, Toghril und Djamuqa bezogen getrennte Stellungen. Unzählige Feuer loderten in der weiten Ebene auf und kennzeichneten die gegnerischen Linien.

31

Im flackernden Licht der Lagerfeuer bereiteten sich Dschingis Khans Krieger auf den bevorstehenden Kampf mit der zweiten Naimanarmee vor. An Schlaf war diese Nacht nicht zu denken. Es gab noch so viel zu tun, bevor der Morgen anbrach. Tausend Dinge mußten geprüft und notfalls ausgebessert werden: das Zaumzeug, die eisernen Platten der Rüstungen und die dicken Ledermonturen der Pferde sowie die Schwerter, Lanzen, Bogen und Pfeile.

Dschingis Khan beaufsichtigte all diese Arbeiten. Unermüdlich wanderte er durch das Heerlager, ging von Gruppe zu Gruppe, lobte, ermahnte und fand immer die Zeit für ein paar Worte mit seinen Kriegern. Nie zeigte er sich ungeduldig oder legte ein herrisches Gebaren an den Tag.

»Irgendwann werden wir auch mal Kampfwagen erproben«, sagte Dschingis Khan, als Bo'ortchu ihn bei einem seiner Rundgänge begleitete. »Städte wird man mit Reiterheeren allein nicht einnehmen können.«

»Städte? Welche Städte?« fragte Bo'ortchu, der von Dschingis Khan zum General ernannt worden war, verwundert.

»Die festen Ordus der Chin«, antwortete Dschingis Khan und trat dann zu einem Schmied, um sich lobend über dessen erstklassige Arbeit auszulassen.

Voller Respekt und ehrlicher Bewunderung beobachtete Bo'ortchu Dschingis Khan. Während er sich noch Gedanken über die morgige Schlacht machte, beschäftigte sich Dschingis Khan schon mit Projekten, die noch weit in der Zukunft lagen. Ihm erschien es wahnwitzig, einen Angriff auf die Chin überhaupt zu erwägen. Dschingis Khan jedoch hielt sich bei dem ›Ob‹ nicht auf, sondern machte sich schon Gedanken über das ›Wie‹. Es war atemberaubend, in welchen Dimensionen Dschingis Khan dachte. Aber hatten die Schamanen das nicht vorausgesagt?

Bo'ortchu fuhr aus seinen Gedanken auf. »Was hast du gesagt?« bat er Dschingis Khan.

»Fällt dir nichts auf?« Dschingis Khan ging mit ihm zum äußeren Ring des Heerlagers.

Bo'ortchu spähte angestrengt in die Dunkelheit, hinüber zu den Lagerfeuern der Naiman. In knapp einer Stunde würde die Morgendämmerung einsetzen. Doch so sehr er sich auch bemühte, irgend etwas Außergewöhnliches zu entdecken, es gelang ihm nicht.

»Tut mir leid, aber mir fällt nichts auf«, sagte er bedauernd.

»Hörst du nichts?«

Bo'ortchu strengte sich an, Geräusche zu lokalisieren, die nicht zu denen des eigenen Lagers gehörten. Doch auch das vergeblich. Und weil er nicht verstand, worauf Dschingis Khan mit seinen Fragen hinauswollte, sagte er nun fast ein wenig hilflos: »Vielleicht bin ich taub und blind geworden, Dschingis Khan. Aber weder sehe noch höre ich irgend etwas Verdächtiges. Es ist still und friedlich.«

»Genau das ist es!« rief Dschingis Khan mit sorgenvoller Stimme.

»Was?«

»Still und friedlich! Du hast es gesagt, Bo'ortchu«, sagte Dschingis Khan. »In wenigen Stunden kommt es zur Schlacht, und da draußen ist es still und friedlich. Als würden wir hier nicht mit unseren Armeen stehen!«

Bo'ortchu sah ihn verdutzt an, und ihm dämmerte nun, was Dschingis Khan so besorgniserregend fand. »Natürlich! Es ist *zu* still da draußen!«

»Richtig! Irgend etwas stimmt da nicht. Schicke Kundschafter aus und Boten zu Toghril«, trug Dschingis Khan ihm auf. »In seinem Lager herrscht gleichfalls Grabesstille.«

Bo'ortchu eilte davon.

Wenig später kehrten die Kundschafter zurück und meldeten Dschingis Khan und seinen versammelten Generälen: »Die Naiman sind abgezogen! Ihr Lager ist verlassen. Die Feuer waren eine List!«

Bestürzung trat auf die Gesichter der Truppenführer. Versuchten die Naiman einen Überraschungsangriff kurz vor dem Morgengrauen? Was hätte das für einen Sinn? Dschingis Khans Armeen hatten die ganze Nacht über die Schlachtordnung beibehalten. Es mußte also etwas anderes hinter dem Manöver der Naiman stecken.

Und dann kehrten die Boten von Djamuqas und Toghrils Lager zurück – und brachten Dschingis Khan die Bestätigung seines Verdachtes.

»Toghril und Djamuqa sind mit ihren Truppen heimlich abgezogen!« meldeten die Boten betroffen. »Ihre Lager sind ausgestorben!«

»Diese elenden Hunde!« empörte sich Qasar. »Sie haben uns belogen und feige im Stich gelassen. Toghril, dieser gierige Geier, und Djamuqa, der verräterische Blutsbruder, haben sich klammheimlich aus dem Staub gemacht, um ihre fette Beute in Sicherheit zu bringen.«

Dschingis Khan hatte noch immer kein Wort gesagt.

»Ist das der Lohn dafür, daß wir Toghril wieder auf den Thron verholfen haben?« stieß Qasar voll Bitterkeit hervor. »Von Djamuqa habe ich Treue nie erwartet, aber daß Toghril uns jetzt das antut, ist hart!«

»Es ist nie gut, sich auf andere zu verlassen«, antwortete Dschingis Khan nun beherrscht. »Toghril und Djamuqa haben sich äußerst schändlich verhalten. Aber ich bin fest davon überzeugt, daß sie das schon bald bereuen werden. Die Tatsache, daß auch die Naiman heimlich aufgebrochen sind, läßt darauf schließen, daß ihnen Toghrils und Djamuqas Abzug nicht entgangen ist.«

»Die Naiman werden über sie herfallen. Unsere so kampfesfreudigen Verbündeten sind so schwer mit Beute beladen, daß sie kaum schnell vorankommen werden«, sagte Bo'ortchu, und die Vorstellung, daß die Naiman ihren treulosen Bundesgenossen vermutlich schon im Nacken saßen, ohne daß diese es ahnten, erfüllte ihn mit grimmiger Befriedigung. »Es wird den Naiman ein Leichtes sein, sie einzuholen und überraschend anzugreifen.«

Qasar nickte. »Was unternehmen wir? Folgen wir ihrer Fährte?«

Dschingis Khan schüttelte knapp den Kopf. »Wir kehren in

Eilmärschen zu unserem Lager an der Eselskruppe zurück. Sollen die beiden tapferen Krieger doch sehen, wie sie mit den Naiman fertig werden!«

»Die Naiman werden über sie herfallen wie hungrige Wölfe über einen lahmen Ochsen!« gab Bo'ortchu zu bedenken. »Sie werden Toghrils und Djamuqas Truppen buchstäblich über den Haufen reiten.«

»Hoffentlich«, erwiderte Dschingis Khan lakonisch.

Als der Morgen heraufdämmerte, brachen sie das provisorische Lager ab und ritten in größter Eile und von keinen mit Beute gefüllten Wagen behindert zurück zur Eselskruppe. Auf diesem Gewaltritt überholten sie Toghril und Djamuqa, ohne daß diese sie bemerkten, denn Dschingis Khans Truppen schlugen einen großen Bogen um sie.

Ins heimatliche Ordu zurückgekehrt, befahl Dschingis Khan seinen Truppen, unter Waffen und in Bereitschaft zu bleiben.

»Wir werden sicherlich bald von Toghril hören«, versicherte Dschingis Khan seinen Vertrauten mit beißendem Spott. »Und in seiner Botschaft wird vermutlich von Reue und gegenseitiger Treue die Rede sein.«

32

Dschingis Khan behielt mit seiner Vermutung recht. Als die Späher der Naiman in jener Nacht bemerkten, daß sich Toghril und Djamuqa mit ihren Truppen im Schutz der Nacht heimlich davonstahlen, beschloß der von Taibuqa als Heerführer eingesetzte Köksegü, sie zu verfolgen. Ihm kam es sehr gelegen, daß sich die gegnerischen Armeen aufsplitterten. Ein Gefecht mit den kampfstarken und vor allem beängstigend wendigen Truppen Dschingis Khans hätte für ihn zu einer Niederlage führen können. Doch eine Schlacht mit Toghril und Djamuqa, die mit ihren Wagentrecks nur sehr langsam vorankamen, bedeutete einen fast sicheren Sieg – sofern es ihm nur gelang, seine Armee unbemerkt an denen Toghrils und Djamuqas vorbeizuführen.

Köksegüs Konzept ging auf. Genau wie Dschingis Khan überholte er die beiden Truppen. Und als der Zug der Kereiten und Djardjirat ins Tal des Eder Altai gelangte, warteten dort die Naiman schon auf sie.

Es war ein leicht errungener Sieg für Köksegü. Seine Krieger fielen säbelschwingend über ihre ahnungslosen Gegner her, und wer nicht schnell genug die Flucht ergriff, wurde von den heranjagenden Naiman niedergemetzelt. Sängün, der den Wagenzug angeführt hatte, entkam. Doch seine Frauen und Kinder sowie die gesamte Beute fielen den Naiman in die Hände.

Toghril und Djamuqa hatten mit der Vorhut eine andere

Route gewählt, die für die Wagenkolonne nicht passierbar war. Ihnen war das Tempo des Trecks zu langsam gewesen – und so entkamen auch sie den Naiman.

Toghril bereute nun, Dschingis Khan im Stich gelassen zu haben. Und wie nicht anders zu erwarten war, sandte er einen Boten zu ihm und ließ ihm ausrichten, wie sehr er sein Verhalten doch bedauere – und daß er ihn um Unterstützung bitte. Sein Sohn Sängün befände sich noch immer auf der Flucht vor den Naiman.

»Ich werde ihm beistehen. Richte das deinem Khan aus!« sagte Dschingis Khan zu Toghrils Boten. Obwohl er ihm sein Verhalten übelnahm, versagte er ihm die Unterstützung nicht. Doch es waren nicht mehr freundschaftliche Gefühle, die ihn dazu bewegten, sondern Gründe politischer Natur. Noch brauchte er einen starken Kereitenhäuptling, um seine Ziele zu erreichen.

Und so schickte Dschingis Khan seine vier talentierten und schon jetzt berühmten Generäle aus, die bezeichnenderweise auch als die ›Vier Rennpferde Dschingis Khans‹ bezeichnet wurden: Bo'ortchu und Muqali sowie Boroqul und Tchila'un. Diese vier Heerführer, die später für Dschingis Khan mit Erfolg gewaltige Kriegszüge führen sollten, eilten mit ihren Truppen dem bedrängten Sängün zur Hilfe.

Die ›Vier Rennpferde‹ machten ihrem Namen alle Ehre. Sie fielen mit einer derartigen Macht über Köksegüs Armee her, daß dieser schon bald den Rückzug befahl. Die Naiman waren dem Ansturm von Dschingis Khans Truppen einfach nicht gewachsen.

Sängün wurde gerettet – und zu seinem Vater in dessen Ordu am Schwarzen Wald zurückgebracht. Toghrils Dankbarkeit kannte keine Grenzen. Er überhäufte die vier siegreichen Generäle nur so mit Geschenken und bat Dschingis Khan, doch Blutsbruder seines Sohnes Sängün zu werden.

Dschingis Khan konnte ihm diesen Gefallen schlecht abschlagen, obwohl ihn nichts zu Sängün hinzog. Eher traf das Gegenteil zu. Sängün betrachtete das Bündnis zwischen Dschingis Khan und seinem Vater mit wachsendem Neid und Mißfallen. Es gefiel ihm nicht, daß Dschingis Khan mit Hilfe seines Vaters – so glaubte er zumindest – so mächtig wurde. Toghril war das nicht verborgen geblieben, und gerade deshalb drängte er zu dieser Blutsbrüderschaft.

Schließlich gab Dschingis Khan seine Zustimmung, und ein großartiges Fest am Schwarzen Wald war die Folge. Die Blutsbrüderschaft wurde mit großem Aufwand gefeiert. Doch Dschingis Khan gab sich keinen Illusionen hin: auf Sängün würde er nicht zählen können – höchstens als Feind.

33

»Dschingis Khan muß endlich Einhalt geboten werden!« verkündete Djamuqa zur gleichen Zeit und schickte Boten in die entlegensten Ecken der Mongolei. Er beschwor die Häuptlinge der großen und kleinen Stämme, sich endlich zu einer starken Front gegen die Bedrohung durch Dschingis Khan zusammenzufinden. Und er malte ihre Zukunft, wenn sie nichts gegen ihn unternehmen, in den schwärzesten Farben.

Und er hatte Erfolg mit dieser konzentrierten Aktion. Viele Stammeshäuptlinge teilten seine Besorgnis. Und als Djamuqa den Vorschlag machte, für den Kampf gegen Dschingis Khan ein Bündnis zu schließen, fanden sich nicht nur Tataren, Naiman und Merkiten ein, sondern auch Targhutai mit seinen Taigighut. Unter normalen Umständen wäre es unmöglich gewesen, diese so verschiedenartigen und zum Teil auch miteinander verfeindeten Stämme zu einem Bündnis zu vereinen. Doch das gemeinsame Ziel, Dschingis Khan endgültig zu schlagen und für immer zu vernichten, ließ sie vorübergehend all ihre Stammesfehden und Rivalitäten vergessen.

An einem geheimen Ort trafen sich die Stammes- und Klanhäuptlinge zu einer Versammlung, auf der die gemeinsame Strategie besprochen und ihr Anführer gewählt werden sollte.

Djamuqa hatte es immer noch nicht überwunden, daß man damals nicht ihn, sondern Temudschin zum Khan ernannt hatte. Und nun ließ er sich vom versammelten Qurultai zum Gegen-Khan aufstellen.

Einen passenden Namen hatte sich der ehrgeizige Djardjirathäuptling schon längst einfallen lassen. Einen Namen, der die Bedeutung von Dschingis Khan noch übertreffen sollte. Er nannte sich Gur-Khan, was soviel bedeutete wie ›Universal-Herrscher der Mongolei‹.

Lange Zeit blieben Dschingis Khan Djamuqas Kriegsvorbereitungen verborgen, weil dieser äußerst geschickt und vorsichtig vorging. Doch bei der Aufstellung eines derart gewaltigen Heeres ließ es sich einfach nicht vermeiden, daß hier und da etwas durchsickerte.

Als Dschingis Khan schließlich von Djamuqas Wahl und Vorhaben erfuhr, handelte er unverzüglich, setzte seine Truppen in Alarmbereitschaft und sandte Boten zu Toghril. Wenig später vereinigten sich beide Heere und zogen Djamuqas anrückender Armee entgegen.

Es war schon Abend, als die beiden Heere bei Koyitan aufeinanderstießen, und so wurde die Schlacht auf den nächsten Morgen verschoben.

Kaum stand die Sonne über den Hügeln und tauchte die Ruine eines ehemaligen chinesischen Bollwerkes in rotgoldenes Licht, als auch schon der Kampf begann.

Zwei Meere aus funkelnden Lanzen und Schwertern schienen aufeinanderzuprallen. Die Luft war erfüllt vom Klirren der Waffen, Staubwolken wirbelten ineinander und gellende Schreie begleiteten die erbittert geführten Attacken.

Dschingis Khan ritt wie immer an der Spitze seiner Truppe. Er befehligte den linken Flügel, während Toghril die Mitte der gegnerischen Streitmacht angriff. In der Linken hielt er den runden Schild, während er mit der Rechten das Krummschwert schwang. Pfeile umschwirrten ihn. Und gleich zu Beginn des Gefechtes wurde sein Pferd getroffen. Es bäumte sich auf, und Dschingis Khan sprang geistesgegenwärtig ab, bevor sein stürzendes Roß ihn unter sich begraben konnte.

Sofort sprengten mehrere seiner Krieger heran, bildeten schützend einen Ring um ihn und warteten, bis ihr Khan ein anderes Pferd bestiegen hatte.

Stundenlang währte die Schlacht, ohne daß sich eine Entscheidung abzeichnete. Djamuqas Liga hatte die meisten Krieger in den Kampf geführt, doch Dschingis Khans straff organisierte und in geschlossenen Einheiten angreifende Tausendschaften machten die zahlenmäßige Übermacht der Feinde mit ihren konzentrierten Attacken wett.

Djamuqa und seine Verbündeten begannen unruhig zu werden, als es Nachmittag wurde und der erwartete Sieg noch immer nicht näher gerückt war.

»Die Schamanen sollen die Götter beschwören!« befahl Djamuqa voller Ungeduld. In diesem gerechten Feldzug gegen Dschingis Khan mußten die Götter ihnen doch einfach den Sieg schenken!

Die Schamanen machten sich bereitwillig an die Arbeit, entfachten ein Feuer und nahmen die üblichen Rituale vor. Sie warfen Knochen und Steine in die Glut und schickten ihre Zauberformeln zum Himmel.

Doch allzusehr gewogen schienen die Gottheiten Djamuqas Liga nicht zu sein. Denn anstelle des Sieges schickten sie Regen. Der Himmel bewölkte sich plötzlich, und ein schweres Unwetter ging über das Schlachtfeld nieder.

Und einmal ganz davon abgesehen, daß Djamuqa und seine Verbündeten den unverhofften Wetterumschwung als böses Omen werteten, vereitelte der heftige Regen auch ein militärisches Manöver des Gegen-Khans. Ein Teil von Djamuqas Kriegern hatte nämlich vorgehabt, Dschingis Khans Stellungen zu umgehen und ihm in den Rücken zu fallen. Sie befanden sich gerade an den steilen Berghängen, als der Regen, vermischt mit Schnee und Hagel, auf sie niederging. Von einer Überraschungsattacke konnte nun nicht mehr die Rede sein. Zahllose Pferde glitten auf dem matschigen, rutschigen Untergrund aus und stürzten.

In dieser Situation sammelte Dschingis Khan seine Truppen und griff mit der ganzen Kraft seiner Streitmacht an – und bewirkte die entscheidende Wende mit seinem beherzten Vorstoß. Die ersten, die das Gefecht für verloren hielten und die Flucht ergriffen, waren die Naiman, gefolgt von den Merkiten. Als das Bündnis sichtlich zerfiel, traten auch die Taigighut unter Targhutai den Rückzug an.

Djamuqa tobte vor Wut und maßloser Enttäuschung, als er all seine ehrgeizigen Träume aufgeben mußte. Seine Hoffnung, Dschingis Khan zu entmachten und sich an seiner Stelle zum Herrscher der Mongolen aufzuschwingen, löste sich sprichwörtlich in den schweren Regenschauern auf. Und in seinem ohnmächtigen Zorn fiel er über seine ehemaligen Verbündeten her und plünderte ihre Lager, bevor auch er das Weite suchte.

Toghril heftete sich an seine Fersen, während Dschingis Khan die Verfolgung der Taigighut übernahm. Jetzt war die Gelegenheit günstig, mit Targhutai abzurechnen.

»Jetzt wirst du mir für deinen Verrat und für die Tage im Joch büßen!« schwor sich Dschingis Khan, als er dem flüchtenden Taigighut nachsetzte.

Targhutai wußte, was ihm blühte. Am Onon verschanzte er sich mit seinen Kriegern und lieferte Dschingis Khan ein schweres Gefecht, das einen ganzen Tag hin und her wogte. Die Taigighut hielten sich tapfer. Sie waren kampferprobt und zäh – doch noch zäher machte sie das Bewußtsein, im Fall einer Niederlage von Dschingis Khan kaum Gnade erwarten zu dürfen.

Dschingis Khan selbst war stets in den vordersten Reihen zu finden, mitten unter den Kämpfenden. Geschickt parierte er gegnerische Hiebe und schlug seinerseits mit tödlicher Genauigkeit zu. Dies hier war für ihn ein ganz besonderer Kampf. Diesmal schwang er nicht das Schwert, um seine Macht zu festigen und seinem Ziel, unbestrittener Herrscher der Mongolei zu werden, näher zu kommen, sondern er kämpfte für das Ansehen seines Vaters und den ruhmreichen Namen seines Geschlechtes, das nun von der Schande saubergewaschen wurde – mit Blut.

Dschingis Khan hatte mit seiner Abteilung gerade einen tiefen Keil in die Reihen der Taigighut gestoßen, als ihn plötzlich ein Pfeil traf. Er spürte einen scharfen Schmerz am Hals, als der Pfeil dort steckenblieb. Das Blut pulste heiß aus der Wunde und rann über den Brustpanzer.

Verzweifelt versuchte Dschingis Khan sich im Sattel zu halten. Er befand sich mit seinen Männern inmitten der Feinde. Er mußte durchhalten.

Doch die Verletzung war zu stark, als daß er sie mit seiner ungeheuren Willenskraft hätte ignorieren können. Vor seinen Augen begann alles zu verschwimmen. Die scharfen

Konturen der kämpfenden Krieger lösten sich zu einem Meer taumelnder Silhouetten auf. Und eine schwarze Sonne überblendete alles in einer jähen Explosion.

Er spürte schon nichts mehr, als er aus dem Sattel kippte und auf dem Boden aufschlug.

34

Djelme schrie entsetzt auf, als er sah, wie sich der Pfeil in Dschingis Khans Hals bohrte und eine tiefe Wunde riß. Das Blut schoß in hohem Bogen heraus.

»Der Khan!« rief Djelme seinen Kameraden zu und sprang vom Pferd, um sich um den am Boden liegenden Herrscher zu kümmern. Rasch zog er den Pfeil aus der Wunde, und er hoffte inständig, daß er nicht vergiftet war.

Zum Glück lebte der Khan noch. Djelme beugte sich über ihn und sog das Blut aus der Wunde und spuckte es neben sich aus. Das war die einzige Möglichkeit, einer Vergiftung entgegenzuwirken.

Den Taigighut war Dschingis Khans Verwundung nicht entgangen. Sie sahen ihn vom Pferd stürzen. Blutüberströmt. Und sofort verdoppelten sie ihre Anstrengungen. Die Tatsache, daß Dschingis Khan nicht mehr an der Spitze seiner Männer ritt, gab ihnen neues Vertrauen. Und auf einmal schien der Gedanke, die feindlichen Truppen doch noch zurückschlagen zu können, gar nicht mehr so abwegig.

Targhutai schöpfte neue Hoffnung und versuchte mit einer Abteilung bis zu Dschingis Khan, der noch immer am Boden lag, vorzudringen.

Dschingis Khans Elitetruppen hatten jedoch blitzschnell einen undurchdringbaren Ring um ihren verletzten Feldherrn gebildet. Sie schlugen die heranstürmenden Taigighut mit wilder Entschlossenheit zurück.

Djelme registrierte den Kampfeslärm nur mit dem Unterbewußtsein. Er konzentrierte sich völlig darauf, seinem Khan das Leben zu retten. Unermüdlich sog er das Blut aus der Wunde. Als der Abend hereinbrach, war Dschingis Khan noch immer bewußtlos.

Der Kampf wurde abgebrochen, und die Taigighut zogen sich in ihre Wagenburg zurück. Es war ihnen nicht gelungen, das Kriegsglück zu ihren Gunsten zu wenden. Die Niederlage zeichnete sich schon deutlich ab.

Mitternacht war schon vorüber, als Dschingis Khan endlich aus der Besinnungslosigkeit erwachte. Der Blutverlust hatte ihn stark geschwächt, und es dauerte eine Weile, bis er wußte, wo er sich befand und was vorgefallen war. Durst quälte ihn.

Djelme versuchte sofort, im Lager einen Schlauch Kumyß aufzutreiben, doch vergebens. Weil er nicht mit leeren Händen zu seinem Khan zurückkehren wollte, legte Djelme nun Mütze, Stiefel, Schutzpanzer und Überkleid ab und schlich sich, nur mit einer Hose bekleidet und mit nacktem Oberkörper, zum Lager der Taigighut hinüber.

Er verschwendete keinen Gedanken daran, daß er ein großes Risiko einging und sein Leben für einen Schlauch Kumyß aufs Spiel setzte. Für Dschingis Khan war er bereit, alles zu wagen.

Es gelang ihm jedoch nicht, die Milchvorräte der Taigighut zu finden, obwohl er zahlreiche Karren unter Lebensgefahr durchsuchte und ständig damit rechnen mußte, bemerkt und überwältigt zu werden. Schließlich aber stieß er auf eine Schüssel mit Quark, die er an sich nahm. Von keinem bemerkt, eilte er zu Dschingis Khan zurück. Er weichte den Quark mit Wasser auf und gab seinem Herrn zu trinken.

Dschingis Khan trank mit gierigen Schlucken. Und er spürte, wie die Kraft langsam wieder in seinen Körper zurückkehrte. Er richtete sich auf und sah Djelme dankbar an.

»Du hast dich in große Gefahr begeben«, sagte er fast tadelnd, »und das nur, um meinen Durst zu stillen. Du hättest den Taigighut in die Arme fallen können. Was hättest du ihnen denn gesagt?«

Djelme lächelte. »Ich hätte ihnen schon eine glaubhafte Geschichte erzählt«, beruhigte er den Khan.

»Und welche?«

»Daß ich beabsichtigt hätte, zu ihnen überzulaufen, dabei jedoch von meinen Kameraden überrascht worden sei. Diese hätten mir alles vom Leib gerissen und vorgehabt, mich zu töten. Doch im letzten Augenblick sei es mir dann gelungen, mich loszureißen und ihnen zu entkommen. Und so sei ich nun zu ihnen gelaufen«, erzählte Djelme vergnügt die Geschichte, die er sich für Targhutai ausgedacht hatte.

Djelmes mutige Unbekümmertheit bewirkte ein Lächeln

auf Dschingis Khans Gesicht. »Und was hättest du dann unternommen, Djelme?«

»Das fragst du noch?« Djelme zeigte sich ein klein wenig gekränkt.

»Nun, ich kann es mir schon denken. Dennoch möchte ich auch noch das Ende der Geschichte von dir erfahren«, erklärte Dschingis Khan schmunzelnd.

»Der Rest ist schnell erzählt. Ich hätte nach einem Schlauch Kumyß verlangt, um mich zu stärken und meinen Durst zu stillen. Doch anstatt vor ihren Augen zu trinken, hätte ich mich mit dem Schlauch auf das nächste Pferd geschwungen und wäre vor ihren Augen zu dir zurückgekehrt!« verkündete Djelme, und seine Stimme verriet, daß er es wirklich so und nicht anders getan hätte.

»Du hast mein Leben gerettet«, sagte Dschingis Khan ernst. »Ich werde es nie vergessen!«

Als die aufsteigende Sonne den östlichen Himmel mit rotem Licht überzog und das Morgenlicht über die Ebene flutete, entdeckte Dschingis Khan, daß sich die Taigighut stillschweigend davongemacht hatten. Ihr Lager lag ausgestorben im noch kühlen Morgenlicht.

»Wir nehmen die Verfolgung auf!« befahl Dschingis Khan und ließ sich nicht davon abbringen, trotz seiner Verwundung ein Pferd zu besteigen. »Targhutai muß endgültig geschlagen werden!«

Mehrere Stunden jagten sie den Flüchtenden hinterher. Und je länger Dschingis Khan im Sattel saß, desto besser fühlte er sich wieder.

Kurz bevor sie die Taigighut einholten, stießen sie auf einen kleinen Klan, der die panische Verwirrung der Flüchtenden dazu ausgenutzt hatte, um sich unbemerkt von Targhutai abzusetzen. Es war Sorqan-chira mit seiner Anhängerschaft.

Während die Truppen nun zum Angriff übergingen und die Taigighut in einem kurzen Gefecht umzingelten, besiegten und die Überlebenden gefangennahmen, führte man Sorqan-chira zu Dschingis Khan. Er empfing ihn mit allen Ehren und hieß ihn herzlich willkommen.

»Du und deine Söhne, ihr habt mir einen großen Dienst erwiesen, als ihr mir damals das Joch abnahmt und mich vor Targhutai beschütztet«, sagte Dschingis Khan. »Aber warum seid ihr erst jetzt zu mir gekommen?«

Sorqan-chira schlug den Blick nicht nieder. »Längst wären wir schon in dein Ordu geeilt und hätten die Reihen deiner Krieger mit unseren Männern verstärkt. Doch es war einfach nicht möglich, unbemerkt Targhutais Lager zu verlassen. Und er hätte schreckliche Rache genommen. So mußten wir uns gedulden.«

Dschingis Khan sah ihn forschend an und zweifelte nicht an Sorqan-chiras Worten. Die Vergangenheit sollte vergessen sein. Und so wandte er seine Aufmerksamkeit einem jungen Taigighutkrieger zu, der mit stolzem Blick und beinahe trotzigem Blick hinter Sorqan-chira stand.

»Man hat mir gemeldet, daß du derjenige gewesen bist, der in der Schlacht bei Koyitan mein Streitroß mit seinem Pfeil getötet hat. Stimmt das?« fragte Dschingis Khan scharf.

Der Taigighut, der den Namen Djirqo-adai trug, hielt dem durchdringenden Blick des Khans stand und versuchte erst gar nicht, diesen Pfeilschuß abzustreiten.

»Ja, ich habe den Pfeil vom Berg herabgeschossen!« gestand er mit fester, klarer Stimme, die nicht die geringste Angst verriet. »Ich hatte meinem Anführer Treue geschworen, und in jener Schlacht standen wir uns als Feinde gegenüber. Wenn du mich jetzt dafür töten läßt, so werde ich nicht mehr als eine kleine Blutlache hinterlassen. Schenkst du mir jedoch das Leben, werde ich dir treu bis in den Tod folgen. Ich werde dich mit meinem Körper schützen und deinen Befehlen folgen, ob ich nun das tiefste Wasser durchqueren oder den festesten Stein zertrümmern müßte – ich würde es tun!«

Einen Augenblick herrschte Schweigen. Und die in Dschingis Khans Zelt versammelten Männer warteten nur darauf, daß der Khan den Befehl gab, den Taigighut zu töten.

Dschingis Khans überraschende Antwort war für ihn charakteristisch: »Es liegt in der Natur der Sache, daß ein Feind darüber schweigt, wen er getötet und welchen Schaden er angerichtet hat. Dieser Krieger jedoch bekennt sich offen und ehrlich zu seinen Taten. Ehrlichkeit, Mut und Treue schätze ich nicht nur bei meinen Männern, sondern auch beim Feind. Deshalb soll er von nun an unser Gefährte sein. Und weil er mein Pferd mit dem Pfeil getötet hat, soll er von nun an Djebe, ›Pfeil‹, heißen!«

Beifälliges Raunen ging durch die Reihen.

»Von nun an sollst du an meiner Seite reiten, Djebe!« verkündete Dschingis Khan, der auf diese Weise immer wieder ehemalige Feinde zu seinen getreuesten Gefolgsmännern machte. Später sollte sich zeigen, daß seine Menschenkenntnis ihn auch im Fall Djebe nicht getrogen hatte: Djebe stieg schnell zu einem seiner tapfersten und erfolgreichsten Generäle auf, der nie auch nur eine Schlacht verlor.

Verloren jedoch hatten die Taigighut. So weitblickend und großmütig er sich bei Djebe erwiesen hatte, so grausam und rücksichtslos erwies er sich in seiner Rache. Er ließ nicht nur alle Taigighutunterführer zum Tode verurteilen und hinrichten, sondern er ließ auch ihre Frauen und Kinder gnadenlos niedermetzeln. Er löschte die gesamte Stammesfamilie aus. Allein Targhutai, dem wieder einmal die Flucht gelungen war, entkam diesem fürchterlichen Blutbad, das die andere Seite von Dschingis Khans Persönlichkeit offenbarte.

Die einfachen Krieger dagegen verschonte er und gliederte sie wie üblich seiner eigenen Truppe ein.

Targhutai wurde kurz darauf von drei Männern, die ehemals in seinem Ordu gelebt hatten und nun gleichfalls auf der Flucht waren, in einem Wald, in dem er sich versteckt gehalten hatte, aufgespürt und überwältigt. Sie fesselten Targhutai, zerrten ihn auf ihren Karren und machten sich auf den Weg zu Dschingis Khan, weil sie wußten, daß Targhutai sein erklärter Todfeind war.

Doch unterwegs kamen ihnen plötzlich Zweifel, ob sie nicht doch vielleicht einen Fehler begingen, indem sie den Taigighuthäuptling gefesselt vor Dschingis Khan brachten.

»Dschingis Khan wird uns vorwerfen, daß wir uns gegen

unseren einstigen Herrn gestellt und ihn verraten haben«, gab einer von ihnen mit sorgenvoller Miene zu bedenken. »Und der Khan wird sagen: ›Was ist das Vertrauen eines Mannes, der seinen Herrn in der Not verrät, schon wert?‹ Und jeder weiß, was Dschingis Khan mit denjenigen tut, die er nicht für wert hält, unter ihm zu dienen und zu kämpfen.«

»Er läßt sie enthaupten«, sagte sein Gefährte und hatte plötzlich eine trockene Kehle. »Verräter werden bei ihm stets enthauptet – auch wenn der Verräter zugunsten des Khans gehandelt hat.«

»Dann sollten wir Targhutai besser freilassen«, schlug der dritte vor, »und Dschingis Khan alles so berichten, wie es sich zugetragen hat. Nämlich daß wir es nicht über uns gebracht haben, unseren rechtmäßigen Herrn zu verraten und dem Tod auszuliefern!«

Und so handelten sie auch. Sie lösten die Fesseln und ließen Targhutai laufen. Dann zogen sie weiter, um Dschingis Khans Streitmacht einzuholen und sich dem Gefolge des Khans anzuschließen.

Dschingis Khan bekam von der Sache mit Targhutai natürlich zu hören und ließ sie in sein Zelt führen. »Wäret ihr wirklich mit eurem gefesselten Herrn vor mich getreten, wie ihr es anfangs wohl vorhattet, hätte ich euch ohne zu zögern enthaupten lassen. Ihr habt euch richtig entschieden. Nichts hasse ich mehr als Verrat!«

35

Toghril, der die Verfolgung Djamuqas aufgenommen hatte, trieb seine Krieger nicht gerade zur Eile an. Nachdem die Liga zerschlagen war, bestand für ihn kein Grund mehr, Djamuqa in die Enge zu treiben und zur Schlacht zu stellen. Besonders sein Sohn Sängün riet ihm davon ab.

»Vielleicht brauchen wir seine Hilfe eines Tages noch«, bemerkte er lakonisch, ohne sich näher darüber auszulassen, gegen wen Djamuqa ihnen möglicherweise würde beistehen können.

Toghril ahnte, was in seinem Sohn vor sich ging. Er neidete Dschingis Khans Macht und militärische Erfolge. Der Kereitenherrscher reagierte anfangs äußerst ungehalten, als sein Sohn immer wieder vor Dschingis Khans Machthunger warnte. Doch als dieser im Frühjahr 1202, nach dem mongolischen Zwölfjahreskalender das Jahr des Hundes, noch einmal gegen die Tataren ins Feld zog und sie am Ostufer des Argun in einer auch für mongolische Verhältnisse fürchterlichen Schlacht vernichtend schlug, wurde Toghril immer empfänglicher für Sängüns Mahnungen.

Dschingis Khan hatte einen Großteil der gefangenen Tataren hinrichten lassen und das einfache Volk versklavt. Und das war das blutige Ende der einst so stolzen und unabhängigen Tataren.

»Dschingis Khan schaltet einen Stamm nach dem anderen aus! Und wer sich ihm nicht unterwirft, wird gnadenlos vernichtet!« erregte sich Sängün. »Eines Tages wird er sich auch gegen uns wenden.«

»Er ist mein Wahlsohn!« hielt Toghril ihm entgegen und wußte doch selbst zu gut, wie wenig das besagte.

»Wir müssen ihm zuvorkommen!« beschwor Sängün ihn.

Doch noch zögerte Toghril, mit Dschingis Khan zu brechen. Zudem hatte er im Augenblick ganz andere Sorgen. Sein Bruder Djagambu wollte selbst Khan der Kereiten sein und schmiedete ein Komplott. Er wiegelte mehrere Fürsten gegen den Khan auf und plante, die Macht mit einem Handstreich auf sich zu bringen.

Doch einer der Verschwörer, dem Zweifel am Gelingen des Komplottes kamen, wurde zum Verräter und unterrichtete Toghril von der bevorstehenden Palastrevolte.

Toghril handelte unverzüglich. Er schickte seine getreuesten Männer aus, ließ die Verschwörer überwältigen und in Fesseln legen und in das königliche Zelt bringen. Jeder von ihnen war in einen Kang geschlossen.

»Mein eigener Bruder hebt die Hand gegen mich!« empörte er sich und schien völlig vergessen zu haben, daß er vierzig Angehörige seiner Familie hatte umbringen lassen, um sicherzugehen, daß ihm niemand die Herrschaft über die Kereiten streitig machen konnte. »Ich sollte euch alle töten lassen, elende Verräter! Doch ich werde mich nicht mit eurem Blut besudeln. Ihr seid nichts weiter als Gewürm!«

Schließlich spuckte er jedem von ihnen verächtlich ins Gesicht. Und alle im Zelt Versammelten taten es ihm nach. Dann ließ Toghril sie frei. Djagambu traute der Gnade seines

Bruders nicht und floh schon bald zu den Naiman, wo er sich vor Toghrils Zugriff einigermaßen sicher fühlte.

Um zu beweisen, daß er noch längst kein alter Mann war, unternahm Toghril einen überraschenden Überfall auf die Merkiten und kehrte mit reicher Beute in sein Ordu am Schwarzen Wald zurück. Er dachte jedoch nicht daran, einen Teil seines Raubgutes Dschingis Khan zu schicken, wie es zwischen ihnen ausgemacht worden war. Er schien sich nicht mehr daran zu erinnern, daß Dschingis Khan noch jedesmal nach einem erfolgreichen Kriegszug einen ansehnlichen Teil seiner Beute dem Kereitenkhan überlassen hatte.

»Willst du einen Mann, der seinen Säbel schon wetzt, um ihn dir an die Kehle zu setzen, auch noch beschenken?!« sagte Sängün zu seinem Vater. Und dann fügte er mit eiskalter Berechnung hinzu: »Oder solltest du vielleicht jetzt schon vor ihm Angst haben?«

Toghril brauste auf. »Kein Kereit hat Angst vor einem dreckigen Mongolen!« schrie er außer sich und merkte gar nicht, daß Sängün ihn allmählich da hatte, wo er ihn haben wollte.

»Ich freue mich, daß wir einer Meinung sind«, sagte Sängün versöhnlich. »Und wenn du meine Meinung hören willst, so ist es an der Zeit zu beweisen, daß das Volk der Kereiten nur einem Mann gehorcht – nämlich seinem Khan!«

Toghril starrte düster vor sich hin. Er hüllte sich in Schweigen und beantwortete die indirekte Frage seines Sohnes nicht. Doch in Wirklichkeit hatte er die Entscheidung schon längst getroffen. Er würde gegen Dschingis Khan in den Krieg ziehen, um noch zu Lebzeiten seinem Sohn die Macht zu sichern.

36

»Toghril verhält sich recht sonderbar!« Zu diesem Schluß kam Dschingis Khan, als der Kereitenfürst ihn immer weniger über seine Unternehmungen informierte und der Kontakt zwischen ihnen spürbar nachließ.

»Sicherlich steckt Sängün dahinter«, mutmaßte Bo'ortchu. »Zwar ist er dein Blutsbruder, aber die Vergangenheit hat ja gezeigt, daß sich Brüder nicht unbedingt lieben müssen.«

Dschingis Khan warf ihm einen scharfen Blick zu. Spielte Bo'ortchu auf den Mord an seinem Bruder Bekter an? Nein, er hatte Djamuqa gemeint.

»Wir werden bald wissen, wie Toghril und sein Sohn zu uns stehen«, erwiderte Dschingis Khan, der die Gefahr längst erkannt hatte, in die ihn der mißgünstige Sängün bringen konnte. »Ich werde Sängün bitten, seine jüngere Schwester Tcha'ur-bäki meinem Sohn Gutschi zur Frau zu geben.«

»Wenn Sängün schlau ist, wird er deinem Vorschlag freudig zustimmen«, entgegnete Bo'ortchu.

»Sängün fehlt die Gerissenheit seines Vaters«, erwiderte Dschingis Khan mit unverhohlener Geringschätzung. »Er wird sich verraten – falls unser Verdacht berechtigt ist, und es etwas gibt, was man verraten kann.«

Als der Bote Dschingis Khans ins Ordu der Kereiten gelangte und die Bitte seines Herrn überbrachte, ließ sich Sängün von seinen persönlichen Gefühlen zu abfälligen Bemerkungen hinreißen.

»Meine Schwester soll die Frau dieses Gutschi werden?« erregte er sich in Gegenwart des Boten. »Einmal ganz abgesehen davon, daß niemand weiß, ob dieser Gutschi wirklich Dschingis Khans Sohn ist, hat meine Schwester etwas Besseres als einen Mongolen verdient!«

»Ich weiß nicht, ob du klug handelst«, raunte Toghril seinem Sohn zu. Sängün setzte sich in seiner Überheblichkeit über die Warnung seines Vaters hinweg. Er hatte schon Kontakt zu Djamuqa aufgenommen, der gleichfalls darauf brannte, ein für allemal mit Dschingis Khan abzurechnen.

»Jedermann kennt doch die barbarischen Sitten der Mongolen«, sagte Sängün von oben herab. »Nein, er soll sich für seinen... Sohn woanders eine Frau suchen!«

Mit diesen Worten schickte er Dschingis Khans Boten aus seinem Lager.

»Das hättest du nicht tun sollen«, sagte Toghril.

»Begreifst du denn nicht, was das ganze Theater soll?« hielt Sängün ihm erregt vor. »Er greift nun auch nach dem Kereitenthron, Vater! Ist Gutschi erst mit meiner Schwester verheiratet, wird er nach deinem Tod Anspruch auf die Führerschaft über die Kereiten anmelden. Das ist es, worauf er mit seinen Heiratsplänen hinauswill. Er will auch noch über unser Volk herrschen! Und willst du das zulassen? Willst du tatenlos zusehen, wie er uns entmachtet?«

Toghril schwieg verdrossen, doch sein Schweigen war Sängün Antwort genug. Zusammen mit Djamuqa organisierte er ein geheimes Treffen, auf dem sich zahlreiche Feinde Dschingis Khans trafen, um ihr gemeinsames Vorgehen zu besprechen. Und man beschloß, Dschingis Khan in einen Hinterhalt zu locken.

»Du mußt tun, als hättest du dich eines Besseren besonnen«, schlug Djamuqa vor, »und deine Zustimmung zu der Eheschließung geben. Lade Dschingis Khan in dein Ordu ein. Während des Festes werden wir ihn dann vergiften und seine Männer niedermachen, bevor sie zu den Waffen greifen können.«

»Einverstanden«, stimmte Sängün zu und schickte einen Boten mit der entsprechenden Nachricht zu Dschingis Khan.

»Reite nicht!« beschwor Börte ihren Mann.

»Kommt dir der Umschwung in Sängüns Meinung nicht zumindest ein wenig merkwürdig vor?« gab auch Qasar zu bedenken, als Dschingis Khan mit zehn Mann zum Ordu der Kereiten aufbrechen wollte. »Hast du vergessen, was Sängün zu deinem Boten gesagt hat?«

Dschingis Khan nickte. »Ich habe die Schmähungen nicht vergessen, Qasar, aber ich kann diese Einladung nicht ausschlagen. Ist es nicht möglich, daß Toghril seinen Sohn zur Vernunft gebracht hat? Wir sind Blutsbrüder, und wenn ich ihm auch nicht allzuweit über den Weg traue, so will doch ich es nicht sein, der ihm Anlaß zur Feindschaft gibt.«

Und so machte sich Dschingis Khan allen Warnungen zum Trotz mit zehn Mann auf den Weg zum Ordu der Kereiten am

Tola. Auf seinem Ritt dorthin traf er auf das kleine Lager seiner Mutter Ölün-eke, die mittlerweile Munglik geheiratet hatte.

»Wieso laden sie dich jetzt, nachdem sie dich erst schmählich abgewiesen haben, zum Verlobungsessen ein?« wollte Munglik voller Mißtrauen wissen. »Und wieso geht Djamuqa in Sänguns Zelt ein und aus, wo doch ein jeder weiß, daß Djamuqa dein Feind ist? Nein, du solltest nicht zu den Kereiten reiten, Dschingis Khan!«

Auch Ölün-eke beschwor ihren Sohn, doch besser umzukehren. »Du reitest geradewegs in einen Hinterhalt! Hast du vergessen, wie es deinem Vater ergangen ist? Zieh daraus eine Lehre. Sängün ist nie dein Bruder gewesen – und er wird es auch nie sein. Sieh den Tatsachen ins Auge!«

Dschingis Khan bekam Warnungen über Warnungen zu hören. Und schließlich war auch er überzeugt, daß es selbstmörderisch war, ins Ordu der Kereiten zu reiten. Und so kehrte er wieder um und sandte einen Boten zu Sängün.

»Es ist Frühling, und unsere Pferde sind noch zu mager«, ließ Dschingis Khan ausrichten. »Wir wollen erst unsere Pferdeherden auffüttern, bevor wir uns zum Verlobungsessen treffen.«

Sängün war wütend, als der Bote Dschingis Khans Absage überbrachte. »Jetzt bleibt uns nichts anderes übrig, als ihn überraschend anzugreifen! Dschingis Khan darf keine Zeit erhalten, seine Truppen zu sammeln. Die Gelegenheit ist günstig. Im Augenblick steht ihm nur seine persönliche Wache zur Verfügung. Die dreizehn Guran sind über das gesamte Gebiet zwischen Onon und Kerulen verstreut. Wir brechen noch heute nacht auf und greifen Dschingis Khans Lager an, bevor die Sonne aufgeht!«

Zwei Pferdehirten hörten davon und machten sich augenblicklich auf den Weg, um Dschingis Khan zu warnen. Es war schon dunkel, als sie sein Lager erreichten und zu ihm geführt wurden. Dschingis Khan zweifelte nicht an ihren Worten.

»Wir müssen das Lager sofort aufgeben!« riet Dschingis Khan in einer hastig angesetzten Versammlung. »Mit den noch nicht einmal fünftausend Kriegern können wir gegen die Kereiten und Djamuqas Truppen nicht viel ausrichten. Wir müssen Zeit gewinnen und versuchen, so schnell wie möglich unsere Streitkräfte zu sammeln.«

Die Versammlung folgte Dschingis Khans Vorschlag. Boten wurden zu den Mongolenstämmen ausgeschickt und brachten den Befehl, auf der Stelle mit den Kriegern zu ihrem Khan zu eilen. Währenddessen wurden die Herden weggetrieben. Frauen und Kinder verließen mit Karren und auf Kamelen in höchster Eile das Lager. Nur die wertvollsten Dinge wurden mitgenommen.

Bevor Dschingis Khan mit seiner kleinen Kriegerschar das Lager verließ, wurden noch einmal die Feuer geschürt. Dann zog er sich in eine Schlucht am Berg Mao'-undur zurück, wo er sich auf die bevorstehende Schlacht vorbereitete. Er konnte nur hoffen, daß seine dreizehn Guran ihm möglichst schnell zur Hilfe eilten.

37

Es war noch dunkel, als Sängün und Djamuqa mit der Vorhut ihrer Truppen über Dschingis Khans Ordu herfielen. Sie sahen den flackernden Schein der Feuer und triumphierten innerlich schon. Sie würden Dschingis Khan im Schlaf überrumpeln.

Donnernd jagten die Krieger durch das Ordu, schleuderten Brandfackeln und ließen einen mörderischen Pfeilhagel über die Jurten niedergehen. Vor allem Dschingis Khans Zelt wurde von Pfeilen und Lanzen nur so durchlöchert.

Es blieb still im Ordu. Nichts rührte sich in den Zelten. Das erwartete Geschrei der im Schlaf Überraschten blieb aus. Die Stille war vollkommen.

Schließlich begriffen Sängün und Djamuqa, daß sie ein verlassenes Lager angegriffen hatten. Dschingis Khan war gewarnt worden und entkommen. Das wurmte sie sehr. Und weil sie diesen Fall in ihrer Planung nicht bedacht hatten, wußten sie nun nicht, was sie tun sollten. Deshalb blieben sie in Dschingis Khans ausgestorbenem Lager und warteten auf die von Toghril geführte Hauptmacht.

Bei Anbruch des Tages zog sich Dschingis Khan weiter in die Berge zurück und überquerte schließlich gegen Mittag den Paß des Mao'-undur und führte seine Krieger hinunter in die sandige Ebene, deren ausgedehnte Salzseen sich bis in die Wüste Gobi erstrecken.

Als die Mongolen gegen Nachmittag dieses karge, hügelige Gebiet erreicht hatten und eine Rast einlegten, sichteten Späher plötzlich die anrückende Streitmacht der Feinde.

Dschingis Khan wartete die Reiterattacke der Kereiten gar nicht erst ab, sondern warf sich mit seinen Männern den Angreifern entgegen.

Es war unmöglich für Dschingis Khan, dieses Gefecht zu gewinnen. Die Übermacht der Gegner war einfach erdrükkend. Toghril und Djamuqa führten etwa dreimal soviel Krieger in den Kampf wie Dschingis Khan.

Und dennoch schlugen seine Männer die ersten Angriffe erfolgreich ab, setzten den Kereiten so zu, daß diese zurückweichen mußten. Mit unglaublicher Disziplin und Verbissenheit stellten sich Dschingis Khans Krieger diesem Kampf, daß es anfangs so aussah, als könnte das Unmögliche doch noch möglich werden.

Dschingis Khan fiel den Kereiten mit einer Tausendschaft in die Flanke und brachte sie in arge Bedrängnis. Und einem seiner Unterfeldherren gelang sogar das militärische Glanzstück, mit seiner Abteilung durch die Reihen der Feinde zu stoßen und die Standarte des Khans mit den Yakschwänzen im Rücken der Kereiten flattern zu lassen.

Als Sängün schließlich mit seiner Streitmacht in das Gefecht eingriff, wurde er von einem Pfeil an der Wange verletzt und stürzte vom Pferd. Verwirrung zeigte sich bei den Kereiten.

Stunde um Stunde tobte der Kampf. Trotz ihrer dreimal so starken Armee gelang es Toghril und Djamuqa nicht, Dschingis Khan so vernichtend zu schlagen, daß er zur Aufgabe gezwungen wurde. Heldenhaft hielten seine Krieger einen kleinen Hügel besetzt und verteidigten ihn todesmutig gegen die Angriffe der Kereiten.

Als die Dämmerung einsetzte, gab Toghril seinen Truppen den Befehl, sich zurückzuziehen und ein Lager aufzuschlagen. Er hatte eingesehen, daß es unmöglich war, Dschingis Khan an diesem Tag endgültig in die Knie zu zwingen.

»Morgen greifen wir wieder an und vernichten sie!« verkündete Toghril im Kreis seiner Vertrauten.

Atchiq-chirun, einer seiner Heerführer, riet ihm davon ab. »Laß sie laufen, Toghril. Dschingis Khan stellt keine Gefahr mehr da. Es sind ihm nicht mehr viele Krieger geblieben. Und wohin sollen sie sich schon wenden? Sie reiten jeder nur ein Pferd und haben nichts als den Himmel als Dach über sich. Und wenn sie sich jetzt noch nicht freiwillig unterwerfen, so werden sie sich doch bald zerstreuen. Und dann können wir sie wie Pferdemist einsammeln.«

Toghril zog die Augenbrauen hoch. »Und was spricht dagegen, den Kampf morgen fortzusetzen?«

»Ohne Zweifel würden wir das Gefecht gewinnen«, antwortete Atchiq-chirun. »Aber gleichfalls außer Frage steht, daß wir erhebliche Verluste haben würden. Noch sind Dschingis Khans Krieger bereit, bis zum letzten Atemzug für ihn zu kämpfen. Und daß sie zu kämpfen verstehen, haben sie heute ja bewiesen. Warum also sollen wir unsere Truppen schwächen, wenn wir schon gewonnen haben?«

Toghril überlegte kurz und nickte dann. Die Verluste waren wirklich groß gewesen. Und deshalb nahm er Dschingis

Khans Verfolgung nicht auf, als dieser mit seiner kleinen Streitmacht das Schlachtfeld während der Nacht verließ.

38

Zwar hatte Toghril seine Truppen zurückgezogen, doch das änderte nichts an der Tatsache, daß Dschingis Khan diese Schlacht verloren hatte. Als er am nächsten Morgen seinen erschöpften Männern eine Rast gönnte und einen Appell abhalten ließ, ergab die Abzählung, daß ihm nur noch zweitausendsechshundert Krieger geblieben waren. Viele von ihnen waren verletzt. Es sah bitter für ihn aus.

Die wirkliche Niederlage jedoch wartete noch auf Dschingis Khan. Kaum hatte sich die Nachricht vom Ausgang des Kampfes verbreitet, als sich die Stammeshäuptlinge auch schon weigerten, Dschingis Khan die versprochenen Truppen zu senden. Zahlreiche Klans und Stämme hielten Dschingis Khan endgültig für geschlagen, und auch wenn sie mit ihm sympathisierten, weshalb sollten sie sich auf die Seite des Verlierers stellen? Andere mächtige Stammesfürsten sahen in dieser Niederlage die Gelegenheit, auf die sie schon lange gewartet hatten. Nun konnten sie sich endlich ihres Khans entledigen, der ihnen einfach zu mächtig geworden war und ihren eigenen Machtbestrebungen im Weg stand. Doch welche Beweggründe sie auch im einzelnen hatten: Sie weigerten sich, ihm Truppen zu schicken.

Damit war Dschingis Khans Macht gebrochen. Immer weiter ostwärts zog er mit seiner kleinen Schar, immer weiter weg von den saftigen Weiden, die er nun nicht mehr zu verteidigen in der Lage war.

Um sich mit Toghril auszusöhnen oder zumindest doch so etwas wie einen Waffenstillstand zu erreichen, schickte er Boten zum Khan der Kereiten und zu anderen Stammesfürsten.

»Warum fällst du über mich, deinen Wahlsohn, her? Weshalb trachtest du nach meinem Land und meinem Besitz? Hat mein Vater dir nicht in der Not Hilfe geleistet, und habe ich dir nicht ebenso geholfen, als die Naiman dich aus deinem Land vertrieben hatten? Warum trachtest du mir jetzt nach dem Leben?«

Toghril, der sich ja nur widerwillig zum Krieg gegen Dschingis Khan entschieden hatte, zeigte Reue, als er Dschingis Khans Botschaft vernahm. Doch auch diesmal setzte sich Sängün durch.

»Seine Worte sind nichts anderes als eine Kriegslist. Er ist nie unser Freund gewesen – und wird es auch nie sein!« verkündete er. »Er wird die Antwort erhalten, die er verdient hat, und die lautet: Krieg!«

Dschingis Khan blieb in seiner verzweifelten Lage nichts anderes übrig, als sich aus der Steppe, wo er seinen Feinden nicht entkommen würde, zurückzuziehen und Zuflucht in den dichten sibirischen Wäldern zu suchen.

Inmitten einer menschenleeren, lebensfeindlichen Wildnis, umgeben von Sümpfen und salzverkrusteten schlammigen Seen, schlug Dschingis Khan mit seinen wenigen Getreuen das Lager auf. Es war ein erbärmliches Leben, das er dort an den lehmigen Ufern des Baldjuna führte.

Zumindest etwas Gutes hatte diese totale Abgeschiedenheit für sich: Toghrils Späher hatten seine Fährte bald verloren. Er war vor den Kereiten augenblicklich ziemlich sicher.

Dschingis Khan war tief gefallen, doch er haderte nicht mit seinem Schicksal, sondern begann sogleich damit, neue Bundesgenossen zu gewinnen. Er nahm vorsichtig Kontakt mit kleinen Stämmen auf, die tief in den wilden Wäldern hausten, und überredete sie, sich ihm anzuschließen.

Die Monate in jenem für Dschingis Khan so bitteren Sommer im Jahre 1203, dem Jahr des Ebers, verstrichen, ohne daß sich seine Situation viel verbesserte. Noch immer mußte er sich versteckt halten.

Doch dann vollzog sich unter den Mongolenstämmen, die ihrem Khan militärische Unterstützung verweigert und geglaubt hatten, ihre Freiheit wiedergewonnen zu haben, ein Stimmungswandel. Sie bedauerten nun, Dschingis Khan nicht gegen Toghril beigestanden zu haben. Der Kereitenkhan zog räubernd durch das Land und erwies sich ganz und gar nicht als gerechter Herrscher. Und immer mehr Stämme lösten sich nicht nur von den Kereiten, sondern sehnten sich auch nach der großzügigen und gerechten Führerschaft Dschingis Khans zurück.

Als Toghril zu selbstgerecht wurde und seinen Bundesgenossen immer weniger Beute zuwies, schmiedeten Djamuqa, Altan Daaritai und Kutchar einen Komplott gegen den Khan der Kereiten, den sie nicht als ihren obersten Herrn anzuerkennen gedachten.

Der Komplott wurde jedoch verraten, und Djamuqa flüchtete mit Altan und Kutchar nach Westen zu den Naiman. Daaritai jedoch erinnerte sich an Dschingis Khans Angebot zum Waffenstillstand. Er nahm das Wagnis auf sich und ritt mit seinen Anhängern zu Dschingis Khan, der ihn mit allen Ehren bei sich aufnahm.

Wenig später erschien auch sein Bruder Qasar im Lager. Ungeduldig hatte Dschingis Khan auf Verstärkung durch die Truppe seines Bruders gewartet. Als Qasar sich nun mit nur ein paar Leuten erschöpft und fast verhungert ins Lager schleppte, wußte Dschingis Khan, was geschehen war. Toghril hatte Qasars Stamm verfolgt und vernichtend geschlagen.

»Meine Männer haben tapfer gekämpft«, beendete Qasar seinen Bericht niedergeschlagen, »doch Toghrils Truppen waren einfach zu stark. Ich weiß, wie sehr du auf meine Streitmacht gebaut hast...«

Dschingis Khan bemühte sich, über die bittere Enttäuschung hinwegzukommen. »Wir müssen mit den Tatsachen leben«, sagte er und überlegte angestrengt. Der Herbst kündigte sich schon an. Es war an der Zeit zu handeln. Seine Männer würden einen harten Winter in dieser öden Gegend kaum lebend überstehen. Irgend etwas mußte er unternehmen. Sein Blick fiel auf die erschöpften, zerlumpten Gestalten, die seinen Bruder begleitet hatten. Und plötzlich hatte er eine Idee.

»Sind unter den Männern zwei, denen du absolut vertrauen kannst?« wollte Dschingis Khan wissen.

Qasar nickte.

»Gut. Wir werden zwei von deinen Leuten auf der Stelle zu Toghril schicken«, sagte Dschingis Khan. »Erschöpft und zerlumpt wie sie sind. Und sie werden auf ihren mageren, abgekämpften Pferden reiten.«

»Sie werden armselige Boten abgeben«, sagte Qasar.

»Das sollen sie auch«, erklärte Dschingis Khan. »Durch diese Boten wirst du Toghril deine Unterwerfung anbieten. Du wirst ihm ausrichten lassen, daß es dir trotz größter Anstrengungen nicht gelungen ist, mich zu finden. Nirgends gibt es eine Spur von mir.«

Qasar lächelte. »Eine geschickte Kriegslist. Du willst ihn in Sicherheit wiegen. Gut, wir werden es versuchen. Hoffentlich nimmt uns Toghril die Geschichte ab.«

Kaum hatten die beiden Boten das Lager verlassen, als Dschingis Khan auch schon die Zelte abbrechen ließ und seine Armee in Marsch setzte. In letzter Zeit waren viele Stämme zu ihm übergelaufen, aber dennoch war er nicht stark genug, um sich Toghril in einer offenen Schlacht zu stellen.

Der Kereitenkhan ahnte nichts davon, daß sich Dschingis Khan mit seinem kleinen Heer im Anmarsch befand. Seine Kundschafter hatten ihm mitgeteilt, daß Dschingis Khan buchstäblich vom Erdboden verschwunden war. Vielleicht lebte er schon gar nicht mehr.

Als Qasars Boten nun bei ihm eintrafen, zweifelte er nicht

einen Augenblick am Wahrheitsgehalt ihrer Worte. Was sie ihm berichteten, deckte sich mit dem, was er von seinen Spähern erfahren hatte.

»Qasar ist in meinem Ordu jederzeit willkommen«, sagte er zu den Boten. »Ich bin bereit, ihn als Vasallen anzunehmen und seine Sicherheit zu garantieren. Iturgen, einer meiner besten Generäle, soll euch als mein Gesandter zurück zu eurem Herrn begleiten. Qasar soll wissen, daß ich es aufrichtig mit ihm meine!«

Als Iturgen in Begleitung der beiden armseligen Boten das Ordu verließ, ließ Toghril schon die Vorbereitungen für das bevorstehende Fest zu Qasars Ehren treffen. Der Kereitenfürst triumphierte. Qasar, der Bruder und Vertraute Dschingis Khans, unterwarf sich ihm! Freiwillig! Das würde die restlichen mongolischen Stämme, die noch immer treu zu ihrem Khan hielten, zur Besinnung bringen und eine Kettenreaktion zur Folge haben.

39

Als Iturgen zum Treffpunkt kam und das große Feldlager erblickte, wußte er sofort, daß es niemals Qasars Lager sein konnte. Toghril hatte seinen Stamm fast völlig aufgerieben.

Der General erkannte die Falle zu spät. Dennoch versuchte er zu flüchten, kam jedoch nicht weit. Mehrere Pfeile trafen sein Pferd, und man schleppte ihn zu Dschingis Khan.

»Waren es nicht meine Truppen, die dich und deine Krieger damals vor den Naiman unter Köksegüs Führung gerettet haben?« fragte Dschingis Khan.

Iturgen nickte stumm.

»Bringt ihn zu Qasar!« befahl Dschingis Khan. »Er soll über ihn richten!«

Qasar machte kurzen Prozeß mit Iturgen. Ohne sich mit ihm in ein Gespräch einzulassen, zog er sein Schwert und enthauptete ihn.

Dschingis Khan gab sofort den Befehl zum Aufbruch, als er von den beiden Boten erfuhr, daß Toghril ahnungslos in seinem Ordu im Schwarzen Wald auf Qasars Eintreffen wartete und alles zu einer großen Feier vorbereitet hatte.

In Eilmärschen rückten die Reitertruppen vor.

Die Kereiten wußten nicht, wie ihnen geschah, als Dschingis Khans Armee plötzlich wie aus heiterem Himmel über sie herfiel. Toghrils Heer war auf einen Kampf nicht vorbereitet und geriet unter dem wütenden Angriff der Mongolen von Anfang an in die Defensive.

Drei Tage dauerte die fürchterliche Schlacht. Dschingis Khans Krieger umzingelten schließlich die Kereiten, die sich verzweifelt zur Wehr setzten. Die Niederlage war jedoch unabwendbar.

Toghril und sein Sohn Sängün wußten, was ihnen blühte, wenn sie Dschingis Khan lebend in die Hände fielen. Deshalb wagten sie in der zweiten Nacht einen Ausbruchsversuch, der auch gelang. Um ihre Flucht zu verschleiern, ließ der kereitische General Qadaq den Kampf jedoch am nächsten Tag weiterführen. Schließlich aber brach jeglicher Widerstand unter dem raschen Ansturm der Mongolen zusammen.

Gnadenlos ließ Dschingis Khan nun die Führungsschicht der Kereiten niedermetzeln – bis auf General Qadaq, den er zu sich führen ließ. Er verlangte eine Erklärung für sein Verhalten.

Qadaq zeigte keine Furcht. »Drei Tage und drei Nächte habe ich gekämpft. Sicherlich hätte ich Toghril ergreifen und dir ausliefern können, Dschingis Khan. Doch es ist nicht meine Natur, den Mann, den ich als meinen rechtmäßigen Herrscher angesehen habe, schändlich zu verraten. Ich habe im Gegenteil alles versucht und den Kampf hingezogen, um meinem Herrscher die Möglichkeit zu bieten, sein Leben zu retten und sich möglichst weit zu entfernen. Wenn du mich dafür töten willst, soll es geschehen. Begnadigst du mich jedoch, werde ich dir meine Kraft weihen und dir so treu wie Toghril dienen!«

»Wer seinen Herrscher auch im Angesicht der Niederlage nicht zu verraten vermag und alles tut, damit jener sein Leben retten kann, der verdient es, mein Gefährte zu sein!« erwiderte Dschingis Khan voller Achtung. Er begnadigte ihn nicht nur, sondern beschenkte ihn auch reichlich und wies ihm einen Ehrenplatz zu.

Belohnt für ihre unverbrüchliche Treue in der Not wurden auch all diejenigen, die mit ihm in der schlimmen Zeit am Baldjuna ausgeharrt hatten. Großzügig ließ er die Beute unter seinen Kriegern aufteilen.

Nachdem er das gemeine Volk der Kereiten auf seine Truppen aufgeteilt hatte, kehrte er zu seinen angestammten Weideplätzen zurück. Er nutzte den Winter, um seine wiedererrungene Macht zu festigen und auszubauen. Unbotsmäßige Stammeshäuptlinge wurden erbarmungslos niedergemacht, das Heer neu und straff organisiert. Er teilte seine Truppen in Zehnerschaften, Hundertschaften, Tausendschaften und Zehntausendschaften ein.

Ein schwerer Kampf stand Dschingis Khan noch bevor, wollte er mit Recht als Herrscher der Mongolei gelten. Es gab noch ein auf den Hochebenen der Mongolei lebendes Volk, das er nicht unterworfen, und das seine Unabhängigkeit bewahrt hatte – die Naiman.

So war es natürlich kein Wunder, daß Toghril und sein Sohn zu ihnen flüchteten. Auch Djamuqa hielt sich mit seinem Gefolge bei ihnen auf. Bei den Naiman sammelten sich allmählich alle restlichen Feinde Dschingis Khans.

Die Naiman wurden von den beiden Brüdern Buyurug und Taibuqa regiert, wobei Taibuqa, obwohl der jüngere, den Machtkampf für sich entschieden hatte.

Zu Taibuqa wollte Toghril nun. Zu seinem Unglück stieß er vorher auf zwei andere Naimanhäuptlinge, die sich noch sehr gut daran erinnerten, daß es Toghril und seine Kereiten gewesen waren, die sie einmal überfallen und ausgeplündert hatten. Sie nahmen ihn gefangen, fesselten ihn – und schlugen ihm schließlich den Kopf ab, als er es wagte, ihnen zu drohen. Sängün konnte entkommen. Doch wenig später ereilte auch ihn das Schicksal seines Vaters.

Als Taibuqa davon erfuhr, bedauerte er, daß man Toghril enthauptet hatte. Jetzt, wo Dschingis Khans Macht bis an seine Landesgrenzen reichte, hätte er seinen ehemaligen Gegner gut als Bundesgenossen gebrauchen können.

Nun, es würde auch anders gehen. Eins jedoch war sicher: Der Krieg war unvermeidlich.

40

Taibuqa nahm Kontakt mit den Öngüten auf, die nördlich der Großen Mauer lebten und somit Nachbarn der Chin waren. Er versuchte Alaquch-tägin, den mächtigen König der Öngüten, für seinen Kriegszug gegen Dschingis Khan zu gewinnen.

Alaquch-tägin dachte jedoch nicht daran, sich mit den Naiman zusammenzuschließen. Er lehnte Taibuqas Angebot höflich ab. Er sympathisierte nämlich mit Dschingis Khan, der die ehemals zügellosen Mongolenhorden unter seiner straffen Führung vereint und dem Chaos der vergangenen Jahrzehnte endlich ein Ende bereitet hatte. Früher hatten sich die Stämme in wildem Durcheinander gegenseitig bekriegt. Nein, ein mächtiger Herrscher wie Dschingis Khan war Alaquch-tägin allemal lieber als die Anarchie, die vorher geherrscht hatte. Und deshalb schickte der mächtige König der Öngüten Boten zu Dschingis Khan und unterrichtete ihn über Taibuqas kriegerischen Absichten.

Dschingis Khan wußte, daß es nur eine einzige Möglichkeit gab, der Gefahr zu begegnen: die Truppen mußten sofort mobilisiert werden. Er hütete sich jedoch, von sich aus den Krieg zu erklären. Er hatte nicht vergessen, daß ihm viele Stämme den Gehorsam verweigert hatten, als er gegen Toghril in den Krieg gezogen war, ohne sich vorher mit den Häuptlingen beraten zu haben.

Er berief deshalb einen Qurultai ein, zu dem alle Häuptlinge, Stammesedlen und Feldherren erschienen. Niemand widersprach dem Khan, als dieser einen Krieg mit den Naiman als unvermeidlich bezeichnete. Doch die meisten Stammeshäuptlinge wollten nicht gleich losschlagen, sondern noch etwas warten.

»Die Pferde sind zu mager«, hieß es. »Wir wollen sie noch eine Weile auf den Weiden lassen.« Der Einwand war nicht ganz unberechtigt, denn immerhin waren es gut tausendfünfhundert Kilometer bis zu den Naiman.

Doch Dschingis Khan ließ den Einwand nicht gelten. »Wichtiger als frische Pferde ist ein Angriff, den unsere Feinde nicht erwarten!« erklärte er – und setzte seinen Willen letztlich auch durch.

Am sechzehnten Tag des ersten Sommermonats des Jahres 1204 brach Dschingis Khans Armee auf und rückte bis an die Grenzen des Naimanlandes vor. Djebe führte die Vorhut und zog sich schnell zurück, wann immer er auf Naimantruppen stieß, um sie in Sicherheit zu wiegen und Schwäche vorzutäuschen. Auch spielte er den Naiman erschöpfte, ausgezehrte Pferde zu, um sie in ihrem Glauben zu stärken,

Dschingis Khans Armee sei schlecht ausgerüstet und nicht in der Lage, eine schwere Schlacht durchzustehen.

Dennoch zögerte Taibuqa, den Befehl zum Vormarsch zu geben. Er wollte Dschingis Khan eigentlich noch tiefer ins Land locken und seine Pferde durch anstrengende Ritte noch weiter schwächen. Seine Feldherren jedoch werteten sein für sie unverständliches Verhalten angesichts eines immer wieder zurückweichenden Feindes als Schwäche und drohten offen mit Rebellion. Ja, sie bezichtigten ihn sogar der Feigheit vor dem Feind.

Daraufhin gab Taibuqa wütend den Befehl, die Truppen in Marsch zu setzen und Dschingis Khan zum Kampf zu stellen. In der Nähe des Berges Naku prallten die beiden Heere aufeinander.

In dieser entscheidenden Schlacht übernahm Dschingis Khan selbst die Führung der Vorhut, während er Qasar an die Spitze der Hauptmacht stellte.

Vom frühen Morgen bis in die Abendstunden tobte die Schlacht am Berg Naku. Dschingis Khans Truppen, auf Disziplin und geschickte militärische Manöver gedrillt, fielen wie Wölfe über ihre Gegner her, die sich zwar heldenhaft verteidigten, ihnen aber dennoch nicht gewachsen waren.

Als die Dämmerung einsetzte, sahen sich die Naiman und ihre Bundesgenossen von Dschingis Khans Truppen umzingelt. Die Mongolen hatten den Berg umstellt. Doch Taibuqa kapitulierte nicht, sondern setzte den Kampf am nächsten Morgen mit Todesverachtung fort.

Djamuqa jedoch hatte wieder einmal die Flucht ergriffen,

bevor sich der Ring um den Naku vollständig geschlossen hatte. Treulos und feige hatte er sich davongestohlen.

Taibuqa kämpfte bis zum bitteren Ende und wurde schließlich tödlich verwundet. Nach einem letzten verzweifelten Versuch, die tödliche Umklammerung durch die Mongolen zu sprengen, gaben die Naiman auf.

Ganz im Gegensatz zu seinen sonstigen Praktiken verbot Dschingis Khan seinen Kriegern jegliches Plündern und Rauben. Er ließ auch keinen hochgestellten Naiman hinrichten, wie er das sonst bei vielen anderen besiegten Stämmen getan hatte. Er achtete die Kultur der Naiman, die wohl das am höchsten entwickelte Nomadenvolk waren.

Und weil Dschingis Khan wollte, daß sich die Naiman mit seinem Volk mischten, gab er den Besiegten die Waffen zurück, nahm die Witwe Taibuqas zur Frau und verheiratete unter anderem seinen jüngsten Sohn mit einer naimanischen Prinzessin. Auf diese Weise machte er wieder einmal ehemalige Feinde zu Freunden, die von nun an auf seiner Seite in den Krieg zogen.

Im Frühling des Jahres 1205 unternahm Dschingis Khan einen nicht allzu bedeutenden Kriegszug, bei dem es eigentlich nur darum ging, mit den restlichen Feinden endgültig abzurechnen und die Mongolei sozusagen ein für allemal von seinen Widersachern zu säubern.

Schließlich blieb nur noch Djamuqa übrig. Als seine klägliche Gefolgschaft erkannte, daß sie nirgends mehr auf Hilfe rechnen konnten und auf verlorenem Posten standen, überwältigten sie ihren Anführer, legten ihn in Fesseln und brachten ihn Dschingis Khan in der Hoffnung, dadurch sein Wohlwollen zu erringen.

Ihre Hoffnung erwies sich als tödlicher Irrtum.

»Wie kann ich Menschen trauen, die ihren rechtmäßigen Herren verraten?!« empörte sich Dschingis Khan und ließ sie ohne Ausnahme hinrichten – vor Djamuqas Augen. Dann wandte er sich an seinen Blutsbruder, der ihn so oft hintergangen hatte.

»Warum hast du dich, mein Anda, mit meinen Feinden verbrüdert und dich gegen mich gewandt?« hielt er ihm vor. »Weshalb bist du nicht an meiner Seite geritten, Djamuqa? Hatten wir uns nicht ewige Treue geschworen und vom Blut des anderen getrunken? Weshalb hast du mich verraten?«

Djamuqa schoß das Blut vor Scham ins Gesicht. »Ich habe mein Wort gebrochen, und ich schäme mich schon längst meines Verrates. Ich bin stolz, daß du es bist, der vom Himmel begünstigte Herrscher, der mich besiegt hat. Ich habe mein Leben verwirkt, und so töte mich schnell, damit meine Seele wieder Frieden findet. Doch gewähre mir eine letzte Bitte und töte mich so, ohne mein Blut zu vergießen!« Nach dem Glauben der Mongolen wohnte die Seele eines Menschen nämlich in seinem Blut, deshalb galt der Erstickungstod im Gegensatz zur Enthauptung als edle Todesart.

Dschingis Khan gab den Befehl, Djamuqa in eine Filzdecke einzurollen und zu ersticken. Anschließend ließ er ihn mit allen Ehren auf einem hohen Berg bestatten.

Damit endete die lange blutige Ära des Kampfes um die Herrschaft über die Mongolei. Die Prophezeiungen der Schamanen war eingetroffen: Dschingis Khan war nach über dreißig Jahren ständigen Kampfes unbestrittener Herrscher über die gesamte Mongolei. Er war Kha-Khan geworden, Herrscher der Herrscher.

Und doch stand er erst am Anfang seiner in der Weltgeschichte einzigartigen Karriere als Feldherr und Eroberer. Als Dschingis Khan am 20. August 1227 an den Folgen eines Reitunfalls starb, hinterließ er ein mongolisches Weltreich, das vom Mittelmeer bis zum Stillen Ozean und von Sibirien bis an den Himalaja reichte.